초등 공부 시작부터 끝까지!

초끝

문장 학습 + 글쓰기

1 단계

초등 1~2학년

초끝 1단계 | 초등 1~2학년
문장 학습+글쓰기

발행일	2024년 1월 2일
펴낸곳	메가스터디(주)
펴낸이	손은진
개발 책임	김문주
개발	양수진, 최성아
글	메가스터디 초등국어교육 연구소, 윤선아
그림	풀림
표지 디자인	스튜디오 에딩크
본문 디자인	천지연
마케팅	엄재욱, 김상민
제작	이성재, 장병미
주소	서울시 서초구 효령로 304(서초동) 국제전자센터 24층
대표전화	1661-5431 (내용 문의 02-6984-6928,31 / 구입 문의 02-6984-6868,9)
홈페이지	http://www.megastudybooks.com
출판사 신고 번호	제 2015-000159호
출간제안/원고투고	writer@megastudy.net

일러두기
· 맞춤법과 띄어쓰기는 국립국어원에서 펴낸 《표준국어대사전》을 기준으로 삼되, 초등학교 교과서의 표기를 참고했습니다.
· 외국의 인명과 지명은 국립국어원에서 펴낸 《외래어 표기법》을 따랐습니다.
· 본 저작물은 공공누리 제1유형에 따라 공공 저작물을 이용하였습니다.

메가스터디BOOKS
'메가스터디북스'는 메가스터디㈜의 출판 전문 브랜드입니다.
유아/초등 학습서, 중고등 수능/내신 참고서는 물론, 지식, 교양, 인문 분야에서 다양한 도서를 출간하고 있습니다.

왜?

초등학교 1~2학년 글쓰기를 배워야 할까요?

아직 맞춤법과 띄어쓰기도 익숙하지 않은 초등학교 1~2학년에게 글쓰기가 필요할까요?
아이들이 초등 고학년 수행평가에서 자신의 생각을 처음으로 써 본다면 잘할 수 있을까요?

아이들은 학년이 올라갈수록 자신의 생각을 글로 써야 하는 상황을 많이 마주하게 됩니다.
지식은 많이 쌓였지만 생각이 굳어 있을 때 글쓰기를 시작하면 이미 늦습니다.
글쓰기는 자기 표현 방법의 하나이기 때문에 생각을 글로 표현하는 연습은
일찍 시작할수록 좋습니다. 글쓰기도 결국 훈련인 것이지요.
문해력 학습의 베스트셀러 <한 문장 정리의 힘>을 만든 메가스터디북스에서
글쓰기가 처음인 초등학교 1~2학년을 위한 체계적인 글쓰기 학습을 제안합니다.
글쓰기 연습도 문해력을 키우기 위한 하나의 과정이기 때문에
문장의 구성을 이해하는 것과 더불어 다양한 유형의 글쓰기 연습을 하는 것이 중요합니다.

<초끝 문장 학습 + 글쓰기>는 초등학교 1~2학년 때 반드시 알아야 하는
필수 문법 지식과 초등 교과에서 다루는 갈래별 글쓰기를 통합적으로 다룹니다.
기본 문장 학습부터 실전 글쓰기까지 단계적으로 글쓰기 기초 체력을 키우면서
유형별 글쓰기의 핵심 전략을 익혀 실제 글쓰기에 활용할 수 있도록 구성하였습니다.

<초끝 문장 학습 + 글쓰기>로 기초 글쓰기 능력을 완성하세요!

이 책의

구성

기본 문장 학습 [1~18일]

문장의 구성 요소부터 문장을 꾸미고 연결하기까지 차근차근 학습하며, 혼자의 힘으로 올바른 문장을 쓸 수 있도록 구성하였습니다. 이를 통해 생각을 글로 정확하게 표현하는 기초인 문장 구성 능력이 향상됩니다.

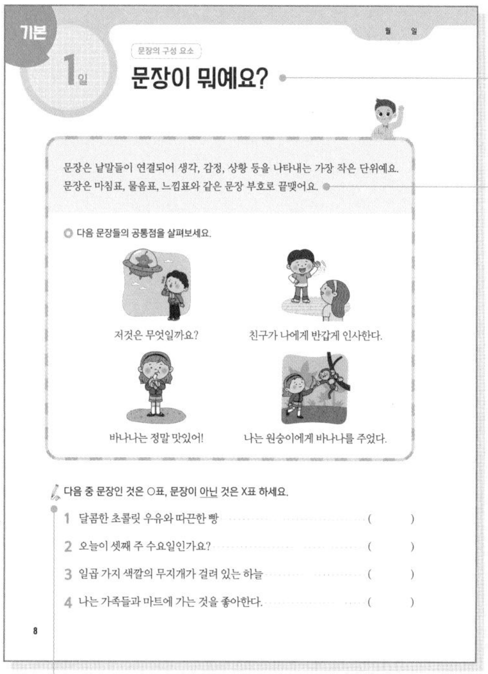
기본 1일

문장의 구성 요소

문장이 뭐예요?

월 일

문장은 낱말들이 연결되어 생각, 감정, 상황 등을 나타내는 가장 작은 단위예요.
문장은 마침표, 물음표, 느낌표와 같은 문장 부호로 끝맺어요.

다음 문장들의 공통점을 살펴보세요.

저것은 무엇일까요?

친구가 나에게 반갑게 인사한다.

바나나는 정말 맛있어!

나는 원숭이에게 바나나를 주었다.

다음 중 문장인 것은 O표, 문장이 아닌 것은 X표 하세요.

1 달콤한 초콜릿 우유와 따끈한 빵 ( )
2 오늘이 셋째 주 수요일인가요? ( )
3 일곱 가지 색깔의 무지개가 걸려 있는 하늘 ( )
4 나는 가족들과 마트에 가는 것을 좋아한다. ( )

8

문장 학습 주제

오늘 배울 문장 학습의 주제를 확인합니다. 매일 새로운 학습 내용으로 글쓰기의 기초를 다집니다.

문장 학습 내용

문장 구성과 관련된 자세한 설명을 예시 그림과 문장으로 확인하며 이해합니다.

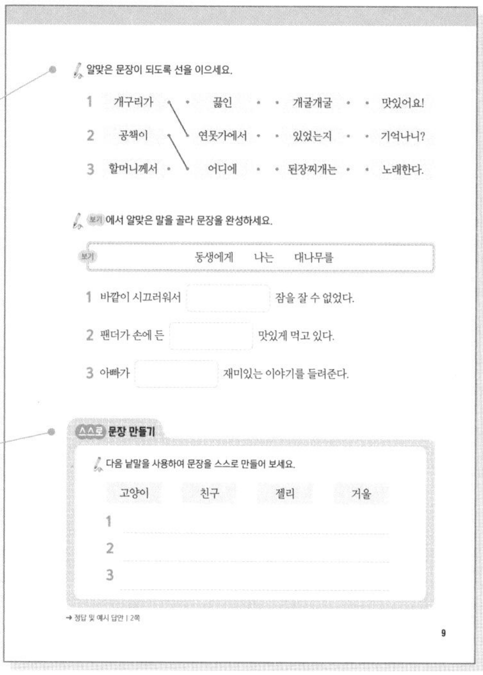
알맞은 문장이 되도록 선을 이으세요.

1 개구리가 · · 꿀인 · · 개굴개굴 · · 맛있어요!
2 곰돌이 · · 연못가에서 · · 있었는지 · · 기억나니?
3 할머니께서 · · 어디에 · · 된장찌개는 · · 노래한다.

보기 에서 알맞은 말을 골라 문장을 완성하세요.

보기 동생에게 나는 대나무를

1 바깥이 시끄러워서 [ ] 잠을 잘 수 없었다.
2 판다가 손에 든 [ ] 맛있게 먹고 있다.
3 아빠가 [ ] 재미있는 이야기를 들려준다.

스스로 문장 만들기

다음 낱말을 사용하여 문장을 스스로 만들어 보세요.

고양이 친구 젤리 거울

1
2
3

→ 정답 및 예시 답안 | 2쪽

9

학습 내용 확인

앞에서 배운 문장 학습 내용을 O표 하기, 선 긋기, 빈칸 완성하기 등의 문제로 확인합니다.

스스로 문장 만들기

학습한 내용을 바탕으로 스스로 올바른 문장을 만들어 봅니다.

실전 글쓰기 [19~50일]

기본 문장 학습을 바탕으로 목적에 맞는 다양한 종류의 글쓰기 연습을 할 수 있도록 구성하였습니다.
매일 한 개씩 초등 교과에 나오는 갈래별 글을 쓰며 글쓰기의 자신감과 실력이 높아집니다.

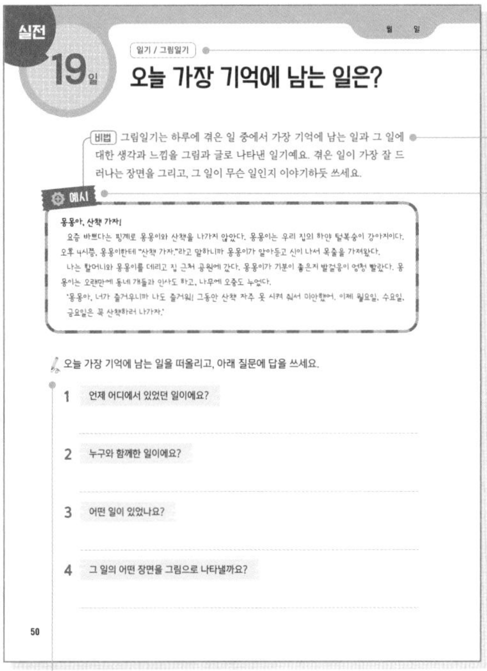

글의 갈래와 글쓰기 주제

매일 다양한 갈래와 새로운 주제의 글을 쓰며 글쓰기에 흥미를 붙입니다.

글쓰기 비법

글의 종류에 대해 설명하고, 갈래별로 글을 쉽게 쓸 수 있는 방법을 알려 줍니다.

예시 글

친구가 쓴 것 같은 예시 글을 보고, 어떻게 쓰면 좋을지 힌트를 얻습니다.

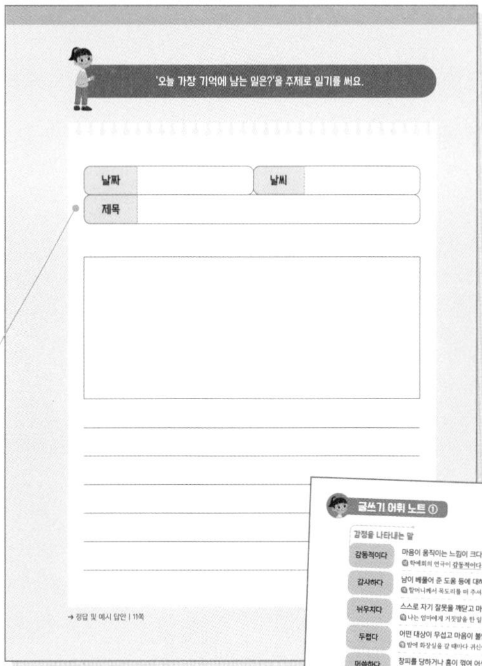

실전 글쓰기 질문

질문을 보고 글쓰기와 관련 있는 내용을 생각하며, 글의 재료가 되는 글감을 짧은 문장으로 정리합니다.

실전 글쓰기

먼저 나만의 제목을 붙인 다음, 글쓰기 질문에 따라 써 본 내용을 잘 정리하여 자신의 글을 완성합니다.

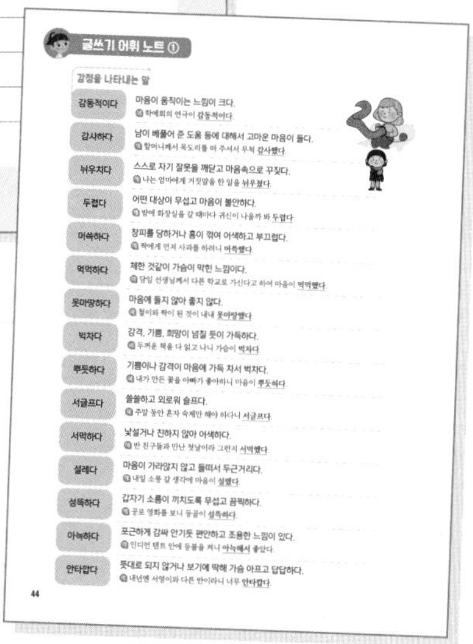

글쓰기 어휘 노트

실제 글쓰기에 많이 사용하는 주제별 어휘를 글쓰기에 활용하여 표현의 효과를 높입니다.

이 책의 차례

실전

일	기본 문장 학습
1일	문장이 뭐예요?
2일	문장의 주어 알기
3일	문장의 서술어 알기 ①
4일	문장의 서술어 알기 ②
5일	문장의 목적어 알기
6일	문장의 보어 알기
7일	무엇이 무엇이다
8일	무엇이 무엇이 되다/아니다
9일	무엇이 어떠하다
10일	무엇이 어찌하다
11일	무엇이 무엇을 어찌하다
12일	무엇이 무엇에게 무엇을 어찌하다
13일	‘어떤’으로 꾸미기
14일	‘어떻게’로 꾸미기
15일	‘어디에(서)’로 꾸미기
16일	‘무엇보다’로 꾸미기
17일	‘무엇이 어떠한’으로 꾸미기
18일	‘무엇을 어찌한’으로 꾸미기

기본

글쓰기의 시작,
올바른 문장의 기초 다지기

문장의 구성 요소

문장이 뭐예요?

문장은 낱말들이 연결되어 생각, 감정, 상황 등을 나타내는 가장 작은 단위예요.
문장은 마침표, 물음표, 느낌표와 같은 문장 부호로 끝맺어요.

○ 다음 문장들의 공통점을 살펴보세요.

저것은 무엇일까요?

친구가 나에게 반갑게 인사한다.

바나나는 정말 맛있어!

나는 원숭이에게 바나나를 주었다.

다음 중 문장인 것은 ○표, 문장이 아닌 것은 X표 하세요.

1 달콤한 초콜릿 우유와 따끈한 빵 ( )

2 오늘이 셋째 주 수요일인가요? ( )

3 일곱 가지 색깔의 무지개가 걸려 있는 하늘 ( )

4 나는 가족들과 마트에 가는 것을 좋아한다. ( )

알맞은 문장이 되도록 선을 이으세요.

1 개구리가	끓인	개굴개굴	맛있어요!
2 공책이	연못가에서	있었는지	기억나니?
3 할머니께서	어디에	된장찌개는	노래한다.

보기 에서 알맞은 말을 골라 문장을 완성하세요.

보기: 동생에게 나는 대나무를

1 바깥이 시끄러워서 [ ] 잠을 잘 수 없었다.

2 팬더가 손에 든 [ ] 맛있게 먹고 있다.

3 아빠가 [ ] 재미있는 이야기를 들려준다.

스스로 문장 만들기

다음 낱말을 사용하여 문장을 스스로 만들어 보세요.

고양이 친구 젤리 거울

1

2

3

→ 정답 및 예시 답안 | 2쪽

월 일

문장의 구성 요소

문장의 주어 알기

'주어'는 문장에서 '누가', '무엇이'에 해당하는 말이에요. 문장의 주인 역할을 하지요. 주어의 끝에 '은', '는', '이', '가'와 같은 말을 붙여요.

◎ 다음 문장에서 주어를 살펴보세요.

해가 산 위에 높이 떠 있다.
(주어: 해가)

복숭아는 분홍빛으로 익었다.
(주어: 복숭아는)

펭귄은 남극에 산다.
(주어: 펭귄은)

친구들이 놀이터에서 신나게 논다.
(주어: 친구들이)

다음 문장의 주어에 ○표 하세요.

1 바닷물은 매우 차갑다.

2 나는 생일에 친구들을 초대했다.

3 동생이 케이크를 야금야금 먹는다.

4 산타클로스가 트리 아래에 선물을 놓고 갔다.

보기 에서 알맞은 주어를 골라 빈칸에 쓰세요.

보기: 아빠께서 참새들이 열매가

1 (   ) 주렁주렁 열렸다.

2 (   ) 거울을 보며 수염을 깎는다.

3 (   ) 전선 위에 앉아 있다.

주어를 사용하여 다음 문장을 자유롭게 완성하세요.

1 (   ) 내 입에서 사르르 녹는다.

2 (   ) 바람에 펄럭펄럭 나부낀다.

3 (   ) 방귀를 뿡뿡 뀌었다.

스스로 문장 만들기

다음 낱말을 주어로 사용하여 문장을 스스로 만들어 보세요.

할머니 오리 공주

1

2

3

→ 정답 및 예시 답안 | 2쪽

문장의 구성 요소

문장의 서술어 알기 ①

문장의 주어가 한 일 또는 주어의 상태, 성질을 풀이하는 말은 '서술어'예요. 서술어는 문장에서 '무엇이다', '어떠하다', '어찌하다'에 해당하는 말이지요.

◎ 다음 문장에서 서술어를 살펴보세요.

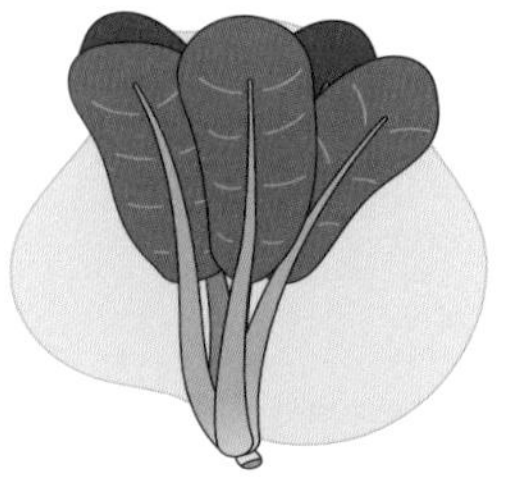

이것은 **시금치이다**.

무엇이다

피자가 참 **따끈하다**.

어떠하다

소년이 책을 **읽는다**.

어찌하다

치타가 빠르게 **달린다**.

어찌하다

다음 문장의 서술어에 ○표 하세요.

1 내 친구 우빈이는 똑똑하다.

2 회색 먹구름이 우르르 몰려온다.

3 푸들, 몰티즈, 치와와는 모두 개이다.

4 숲속의 나무, 바위, 돌길 위에 눈이 쌓였다.

보기 에서 알맞은 '어떠하다' 서술어를 골라 빈칸에 쓰세요.

보기: 부끄럽다 노랗다 환하다

1 햇빛이 잘 들어와서 거실이 ( ).

2 담장 밑에 피어난 개나리가 ( ).

3 나는 무대에서 춤추는 것이 ( ).

앞말에 어울리는 '어찌하다' 서술어를 선으로 이으세요.

1 시우는 놀이터에 •	• 갔다.
2 예슬이는 친구를 •	• 삼았다.
3 나는 인형을 친구로 •	• 기다렸다.

스스로 문장 만들기

다음 낱말을 서술어로 사용하여 문장을 스스로 만들어 보세요.

부드럽다 꺼내다 산책하다

1 ______

2 ______

3 ______

→ 정답 및 예시 답안 | 3쪽

월 일

문장의 구성 요소

문장의 서술어 알기 ②

'서술어'는 문장에서 다양한 모습으로 나타나요. '헤엄치다'와 같이 낱말에서 변하지 않는 부분 '헤엄치-'에 '-다'가 붙은 모습은 기본형이에요. '헤엄친다, 헤엄치자'와 같이 '헤엄치-'에 여러 가지 말이 붙은 모습은 활용형이에요.

기본형 '헤엄치다'의 활용형과 문장의 뜻을 살펴보세요.

고래가 바닷속에서 천천히 **헤엄친다**.

고래가 바닷속에서 천천히 **헤엄치니**?

고래가 바닷속에서 천천히 **헤엄치는구나**!

고래야, 바닷속에서 천천히 **헤엄쳐라**.

고래야, 바닷속에서 천천히 **헤엄치자**.

앞말에 어울리는 서술어에 ○표 하세요.

1 은혜야, 고구마와 우유를 같이 [먹자 | 먹는].

2 기침을 콜록콜록하는 것을 보니까 감기에 [걸렸던 | 걸렸구나]!

3 사람들이 쓰레기를 함부로 버려서 길거리가 [더럽다 | 더럽니].

보기 에서 알맞은 서술어를 골라 빈칸에 쓰세요.

보기 매운 맵다 매웠니

1 초록색 작은 고추가 참 ____.

2 아빠가 만든 떡볶이가 얼마나 ____?

서술어를 사용하여 다음 문장을 자유롭게 완성하세요.

1 엄마가 나를 칭찬할 때, 나는 ____.

2 나는 삶은 계란과 장조림을 ____.

3 우리 모두 공원에서 신나게 ____!

스스로 문장 만들기

다음 낱말의 활용형을 서술어로 사용하여 문장을 스스로 만들어 보세요.

멋있다 노래하다 뛰어넘다

1 ____

2 ____

3 ____

→ 정답 및 예시 답안 | 3쪽

문장의 구성 요소

문장의 목적어 알기

문장 속에서 행동의 대상이 되는 말을 '목적어'라고 해요. 목적어의 끝에는 '을', '를'을 붙여요. 앞말에 받침이 있으면 '을', 앞말에 받침이 없으면 '를'을 붙여요.

● 다음 문장에서 목적어를 살펴보세요.

내가 **피아노를** 친다.
(목적어: 피아노를)

언니가 **노래를** 부른다.
(목적어: 노래를)

지우가 **형을** 만난다.
(목적어: 형을)

아빠는 옷걸이에 **윗옷을** 걸었다.
(목적어: 윗옷을)

다음 문장에서 바르게 쓰인 목적어를 골라 ○표 하세요.

1 언니는 평소에 (책을, 책에서) 많이 읽는다.

2 달리기 선수가 (물에, 물을) 벌컥벌컥 마신다.

3 하은이가 하준이에게 (옥수수가, 옥수수를) 주었다.

다음 문장의 빈칸에 어울리는 말을 찾아 선으로 이으세요.

1	엄마가 ______ 열었다.	먹는다.
2	나는 스파게티를 ______.	전화를
3	아빠가 ______ 받았다.	창문을

보기 에서 알맞은 목적어를 골라 빈칸에 쓰세요.

보기 엄마를 바둑을 딱지를

1 아빠와 삼촌이 오랜만에 같이 [ ] 둔다.

2 친구들이 놀이터에서 [ ] 재미나게 친다.

3 동생이 화장실에서 [ ] 다급하게 부른다.

스스로 문장 만들기

다음 낱말을 목적어로 사용하여 문장을 스스로 만들어 보세요.

잠을 주스를 코알라를

1 ______

2 ______

3 ______

→ 정답 및 예시 답안 | 4쪽

문장의 구성 요소

문장의 보어 알기

문장 속에서 주어와 서술어만으로 뜻이 완전하지 못할 때, 뜻을 보충해 주는 말을 '보어'라고 해요. 보어는 '되다', '아니다' 바로 앞에 '이' 또는 '가'가 붙어 나타나는 말이에요.

○ 다음 문장에서 보어를 살펴보세요.

얼음은 **물이** 된다.
보어

저것은 **유령이** 아니야.
보어

이 동물들은 **쥐가** 아니다.
보어

고모가 **교사가** 되었다.
보어

다음 문장에서 바르게 쓰인 보어를 골라 ○표 하세요.

1 하얀 애벌레는 (나비가, 나비로) 된다.

2 언니는 작년에 (중학생이, 중학생으로) 되었습니다.

3 오늘은 (토요일이, 토요일만) 아니에요.

보기 에서 알맞은 보어를 골라 빈칸에 쓰세요.

보기 비가 소방관이 낮이

1 먹구름이 [ ] 되었어. 우산은 잘 챙겼지?

2 삼촌은 [ ] 되었어요. 정말 대단해요!

3 지금은 [ ] 아니야. 다들 자는 시간이야.

보어를 사용하여 다음 문장을 자유롭게 완성하세요.

1 나는 [ ] 아니야!

2 나는 꿈속에서 [ ] 되었다.

3 나는 먼 미래에 [ ] 될래.

스스로 문장 만들기

다음 낱말을 사용하여 보어가 들어간 문장을 스스로 만들어 보세요.

나무 개 늑대 씨앗

	주어	보어	서술어
1			.
2			.

→ 정답 및 예시 답안 | 4쪽

문장의 구조

무엇이 무엇이다

'무엇이 무엇이다' 구조의 문장에서 '무엇이'는 주어이고, '무엇이다'는 서술어예요. '무엇이다'는 주어가 지닌 특징이나 주어가 포함된 종류를 나타내요.

다음 문장에서 '무엇이'와 '무엇이다' 부분을 살펴보세요.

이것이 왕관이다.
(이것이: 무엇이 / 왕관이다: 무엇이다)

이분은 의사예요.
(이분은: 무엇이 / 의사예요: 무엇이다)

나는 학생이야.
(나는: 무엇이 / 학생이야: 무엇이다)

아빠는 경찰이다.
(아빠는: 무엇이 / 경찰이다: 무엇이다)

보기 에서 알맞은 말을 골라 빈칸에 쓰세요.

보기: 배는 트럭은 물소는 동물이다 과일이다

1 [ ] 자동차이다.

2 코끼리는 [ ].

앞말과 뒷말을 선으로 이어서 '무엇이 무엇이다' 문장을 완성하세요.

	무엇이	무엇이다
1	사마귀는	곤충이다.
2	설날은	악기이다.
3	바이올린은	명절이다.

빈칸에 알맞은 말을 써넣어 '무엇이 무엇이다' 문장을 완성하세요.

1 늑대, 곰, 멧돼지, 호랑이는 ☐.

2 세탁기, ☐, 청소기는 가전제품이다.

3 시금치, 상추, 오이, 호박은 ☐이다.

스스로 문장 만들기

다음 낱말을 사용하여 '무엇이 무엇이다' 문장을 스스로 만들어 보세요.

나 우리나라 어린이 대한민국

1 무엇이 ☐ 무엇이다 ☐.

2 무엇이 ☐ 무엇이다 ☐.

→ 정답 및 예시 답안 | 5쪽

문장의 구조

무엇이 무엇이 되다/아니다

'무엇이 무엇이 되다/아니다' 구조의 문장에서 첫 번째 '무엇이'는 주어이고, 두 번째 '무엇이'는 보어예요. 보어는 서술어 '되다/아니다' 바로 앞에 오는 말이에요.

다음 문장에서 '무엇이'와 '무엇이 되다/아니다' 부분을 살펴보세요.

병아리가 닭이 된다.
(무엇이 / 무엇이 / 되다)

소년이 왕이 되었다.
(무엇이 / 무엇이 / 되다)

나는 곰이 아니다.
(무엇이 / 무엇이 / 아니다)

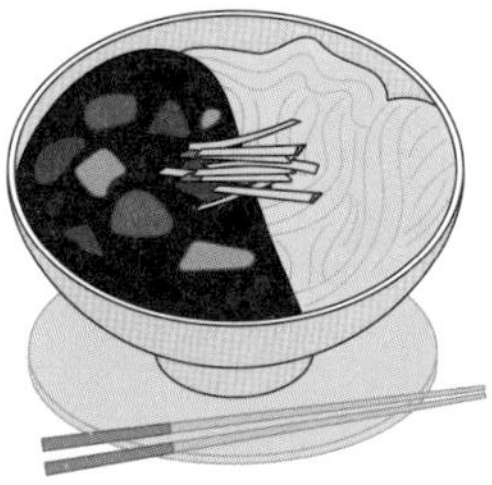

이것은 짬뽕이 아니다.
(무엇이 / 무엇이 / 아니다)

보기 에서 알맞은 말을 골라 빈칸에 쓰세요.

보기
왕자는 왕이 벌꿀이 가을이

1 왕자가 ( ) 되었다.

2 계절이 ( ) 되었다.

앞말과 뒷말을 선으로 이어서 '무엇이 무엇이 되다' 문장을 완성하세요.

무엇이		무엇이	
1 올챙이가		개구리가	되었다.
2 송아지는		어른이	되었다.
3 아이는		황소가	된다.

보기 에서 알맞은 보어를 골라 문장을 완성하세요.

보기: 빙판이 스웨터가 초등학생이

1 할머니의 섬세한 손길에 털실은 (무엇이) ______ 되었어!

2 추운 날씨에 연못이 (무엇이) ______ 되었어요.

3 설날이 지나면 나는 (무엇이) ______ 된다.

스스로 문장 만들기

다음 낱말을 사용하여 '무엇이 무엇이 되다/아니다' 문장을 스스로 만들어 보세요.

연습생 가수 청바지 속옷

1 (무엇이) ______ (무엇이) ______ 되었다.

2 (무엇이) ______ (무엇이) ______ 아니다.

→ 정답 및 예시 답안 | 5쪽

문장의 구조

무엇이 어떠하다

'무엇이 어떠하다' 구조의 문장에서 '무엇이'는 주어이고, '어떠하다'는 성질이나 상태를 나타내는 서술어예요.

◎ 다음 문장에서 '무엇이'와 '어떠하다' 부분을 살펴보세요.

앵무새는 똑똑하다.
(무엇이: 앵무새는 / 어떠하다: 똑똑하다)

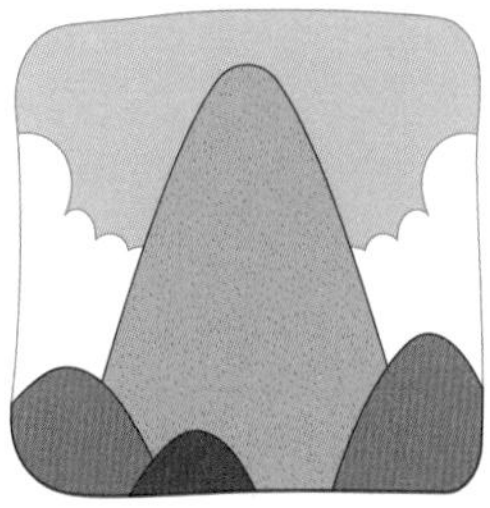

산이 높다.
(무엇이: 산이 / 어떠하다: 높다)

나는 튼튼하다.
(무엇이: 나는 / 어떠하다: 튼튼하다)

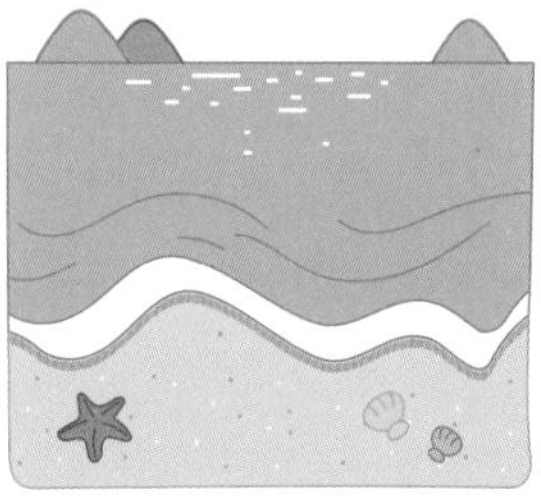

바다가 고요하다.
(무엇이: 바다가 / 어떠하다: 고요하다)

보기 에서 알맞은 말을 골라 빈칸에 쓰세요.

보기: 피곤하다 쫄깃하다 섭섭하다 축축하다

1 떡꼬치가 ______.

2 땅바닥이 ______.

앞말과 뒷말을 선으로 이어서 '무엇이 어떠하다' 문장을 완성하세요.

	무엇이		어떠하다
1	문제가		밝다.
2	보름달이		어렵다.
3	수염이		길다.

보기 에서 알맞은 말을 골라 '무엇이 어떠하다' 문장을 완성하세요.

보기 얼음이 노랗다 답답하다

1 마음이 (어떠하다) ______.

2 (무엇이) ______ 차갑다.

3 은행잎이 (어떠하다) ______.

스스로 문장 만들기

다음 낱말을 사용하여 '무엇이 어떠하다' 문장을 스스로 만들어 보세요.

잔디밭 하늘 맑다 푸릇푸릇하다

1 (무엇이) ______ (어떠하다) ______.

2 (무엇이) ______ (어떠하다) ______.

→ 정답 및 예시 답안 | 6쪽

기본

10일

문장의 구조

무엇이 어찌하다

'무엇이 어찌하다' 구조의 문장에서 '무엇이'는 주어이고, '어찌하다'는 주어가 한 일이나 주어의 움직임을 나타내는 서술어예요.

다음 문장에서 '무엇이'와 '어찌하다' 부분을 살펴보세요.

아기가 걷다.
(아기가: 무엇이 / 걷다: 어찌하다)

꽃이 피었다.
(꽃이: 무엇이 / 피었다: 어찌하다)

바위가 굴러가다.
(바위가: 무엇이 / 굴러가다: 어찌하다)

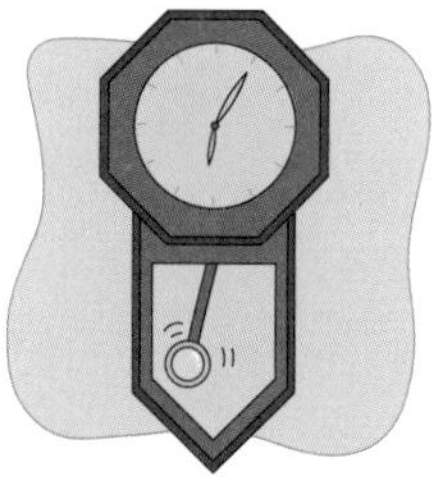

시계추가 흔들린다.
(시계추가: 무엇이 / 흔들린다: 어찌하다)

보기 에서 알맞은 말을 골라 빈칸에 쓰세요.

보기: 눈송이가 안개가 불었다 부었다

1 (   ) 떨어진다.

2 바람이 (   ).

앞말과 뒷말을 선으로 이어서 '무엇이 어찌하다' 문장을 완성하세요.

	무엇이	어찌하다
1	고릴라가	하품했다.
2	울음소리가	열렸다.
3	방문이	그쳤다.

보기 에서 알맞은 말을 골라 '무엇이 어찌하다' 문장을 완성하세요.

보기 생각이 벌어졌다 끓는다

1 싸움이 (어찌하다) ______ .

2 (무엇이) ______ 떠올랐다.

3 김치찌개가 (어찌하다) ______ .

스스로 문장 만들기

다음 낱말을 사용하여 '무엇이 어찌하다' 문장을 스스로 만들어 보세요.

거북이 깃발 기어가다 휘날리다

1 (무엇이) ______ (어찌하다) ______ .

2 (무엇이) ______ (어찌하다) ______ .

→ 정답 및 예시 답안 | 6쪽

문장의 구조

무엇이 무엇을 어찌하다

'무엇이 무엇을 어찌하다' 구조의 문장에서 '무엇이'는 주어이고, '무엇을'은 목적어이며, '어찌하다'는 주어가 한 일이나 주어의 움직임을 나타내는 서술어예요.

◎ 다음 문장에서 '무엇이', '무엇을', '어찌하다' 부분을 살펴보세요.

내가 떡볶이를 먹는다.
(내가: 무엇이 / 떡볶이를: 무엇을 / 먹는다: 어찌하다)

친구들이 횡단보도를 건넌다.
(친구들이: 무엇이 / 횡단보도를: 무엇을 / 건넌다: 어찌하다)

소방관이 불을 끈다.
(소방관이: 무엇이 / 불을: 무엇을 / 끈다: 어찌하다)

할아버지께서 나무를 심는다.
(할아버지께서: 무엇이 / 나무를: 무엇을 / 심는다: 어찌하다)

보기 에서 알맞은 말을 골라 빈칸에 쓰세요.

보기: 토마토를 자전거를 외웠다 새웠다

1 친구가 [　　　　] 탄다.

2 나무꾼은 밤을 [　　　　].

앞말과 뒷말을 선으로 이어서 '무엇이 무엇을 어찌하다' 문장을 완성하세요.

	무엇이	무엇을		어찌하다
1	준수가	손발을	• •	쓴다.
2	상어가	물고기를	• •	씻는다.
3	나리가	일기를	• •	쫓는다.

빈칸에 알맞은 말을 써넣어 '무엇이 무엇을 어찌하다' 문장을 완성하세요.

1 나는 [무엇을] 보았다.

2 누나가 [무엇을] 들었다.

3 아빠는 자동차를 [어찌하다] .

스스로 문장 만들기

다음 낱말을 사용하여 '무엇이 무엇을 어찌하다' 문장을 스스로 만들어 보세요.

엄마 축구 삼계탕 좋아하다

1 [무엇이] [무엇을] [어찌하다] .

2 [무엇이] [무엇을] [어찌하다] .

→ 정답 및 예시 답안 | 7쪽

문장의 구조

무엇이 무엇에게 무엇을 어찌하다

'무엇이 무엇에게 무엇을 어찌하다' 구조의 문장에서 '무엇이'는 주어이고, '무엇을'은 목적어이고, '어찌하다'는 주어가 한 일이나 주어의 움직임을 나타내는 서술어예요. 서술어 중에는 '무엇에게'가 꼭 필요한 것들이 있어요.

○ 다음 문장에서 '무엇이', '무엇에게', '무엇을', '어찌하다' 부분을 살펴보세요.

내가 친구에게 책을 선물했다.

(내가: 무엇이 / 친구에게: 무엇에게 / 책을: 무엇을 / 선물했다: 어찌하다)

민희가 할머니께 편지를 쓴다.

(민희가: 무엇이 / 할머니께: 무엇에게 / 편지를: 무엇을 / 쓴다: 어찌하다)

엄마가 아이에게 반찬을 준다.

(엄마가: 무엇이 / 아이에게: 무엇에게 / 반찬을: 무엇을 / 준다: 어찌하다)

투수가 포수에게 공을 던진다.

(투수가: 무엇이 / 포수에게: 무엇에게 / 공을: 무엇을 / 던진다: 어찌하다)

보기 에서 알맞은 말을 골라 빈칸에 쓰세요.

보기				
	텔레비전을	심부름을	말에게	잔디밭에

1 선생님께서 서빈이에게 (   ) 시킨다.

2 아저씨가 (   ) 당근을 준다.

다음 문장에서 바르게 쓰인 말을 골라 ○표 하세요.

1	우리는	괴물에게 음식을	(바쳤다, 변했다).
2	요정이	(신데렐라로, 신데렐라에게)	구두를 주었다.
3	친구가	(나에, 나에게)	쪽지를 보냈다.

빈칸에 알맞은 말을 써넣어 '무엇이 무엇에게 무엇을 어찌하다' 문장을 완성하세요.

	무엇이	무엇에게	무엇을	어찌하다
1	손님이			낸다.
2	아빠가	아기에게		먹인다.
3	내가			빌렸다.

스스로 문장 만들기

다음 낱말을 사용하여 '무엇이 무엇에게 무엇을 어찌하다' 문장을 스스로 만들어 보세요.

친구 할머니 쏟다 입히다

	무엇이	무엇에게	무엇을	어찌하다
1				.
2				.

→ 정답 및 예시 답안 | 7쪽

월 일

문장 꾸미기

'어떤'으로 꾸미기

'어떤'은 사물, 동물, 사람 등을 꾸미는 말이에요. '어떤'으로 낱말을 꾸미면 사물, 동물, 사람의 성질이나 상태를 자세히 설명할 수 있어요.

○ 다음 문장에서 '어떤'으로 꾸민 부분을 살펴보세요.

둥근 보름달이 세상을 비춘다.

샛노란 개나리가 봄을 알린다.

뛰어다니는 강아지가 참 앙증맞다.

거대한 공룡이 나타났다.

문장에서 '어떤'으로 쓰이는 말을 모두 찾아 ○표 하세요.

1 작은 하얀 귀엽다 저절로 사나운

2 빨리 빠른 예쁜 멋지다 좋은

3 따갑다 젊은 닫다 펼쳐서 너그러운

보기 의 낱말을 '어떤'으로 꾸밀 수 있는 말에 모두 ○표 하세요.

보기 인형

적은	깊은	까만	큰
오래된	늙은	새	건강한

빈칸에 알맞은 말을 써넣어 '어떤'으로 꾸민 문장을 완성하세요.

1 콩쥐가 [어떤 ______] 두꺼비를 만났다.

2 나는 [어떤 ______] [무엇이 ______] 좋다.

3 사람들이 [어떤 ______] [무엇을 ______] 본다.

스스로 문장 만들기

다음 낱말을 사용하여 '어떤'으로 꾸민 문장을 스스로 만들어 보세요.

화려한 가난한 착한 똑똑한

1 ______

2 ______

3 ______

→ 정답 및 예시 답안 | 8쪽

월 일

문장 꾸미기

'어떻게'로 꾸미기

'어떻게'는 서술어를 꾸미는 말이에요. '어떻게'로 서술어를 꾸미면 상태나 동작을 나타내는 서술어를 자세히 설명할 수 있어요.

◎ 다음 문장에서 '어떻게'로 꾸민 부분을 살펴보세요.

동생이 **크게** 운다.

사과가 **빨갛게** 익었다.

보물이 상자에 **가득** 찼다.

함박눈이 **펑펑** 내린다.

✎ 문장에서 '어떻게'로 쓰이는 말을 모두 찾아 ○표 하세요.

1 밝게 어른스럽다 느리게 반갑다 매우

2 하얗게 괜찮다 재빨리 냉큼 크다

3 쾅쾅 향기롭게 짧은 가깝게 강하게

보기 의 빈칸을 '어떻게'로 꾸밀 수 있는 말에 모두 ○표 하세요.

보기 바람이 ______ 분다.

세차게	배부르게	약하게	살랑살랑
쨍쨍	시원하게	콩콩	거세게

빈칸에 알맞은 말을 써넣어 '어떻게'로 꾸민 문장을 완성하세요.

1 봄비가 [어떻게] ______ 내렸다.

2 [무엇이] ______ [어떻게] ______ 보인다.

3 나는 사람들 앞에서 [어떻게] ______ 발표했다.

스스로 문장 만들기

다음 낱말을 사용하여 '어떻게'로 꾸민 문장을 스스로 만들어 보세요.

씩씩하게 조용히 뚜렷하게

1 ______

2 ______

3 ______

→ 정답 및 예시 답안 | 8쪽

문장 꾸미기

'어디에(서)'로 꾸미기

'어디에(서)'는 장소를 나타내는 말이에요. '어디에(서)'로 서술어를 꾸미면 주어와 관련된 일이 일어나는 장소를 자세히 알 수 있어요.

다음 문장에서 '어디에(서)'로 꾸민 부분을 살펴보세요.

오리들이 **연못에** 있다.

윤이는 **수족관에서** 물고기를 보았다.

나는 **학교에** 갔다.

사람들이 **공원에서** 쉰다.

문장에서 '어디에(서)'로 쓰이는 말을 모두 찾아 ○표 하세요.

1 프랑스가 시골집에 식당에서 방에 학교를

2 놀이터에서 바닷가를 북한산에 동굴은 시장에서

3 마트로 음식점은 도시에서 서점에 은행에서

보기 에서 알맞은 말을 골라 '어디에(서)'로 꾸민 문장을 완성하세요.

보기 지구에 음악실에서 동물원에서

1 나는 [어디에(서)] 북극곰 가족을 보았다.

2 우리는 [어디에(서)] 바이올린을 연주했다.

3 외계인이 우주선을 타고 [어디에(서)] 왔다.

빈칸에 알맞은 말을 써넣어 '어디에(서)'로 꾸민 문장을 완성하세요.

1 나는 어렸을 때 [어디에(서)] 많이 갔다.

2 마녀는 아이들을 [어디에(서)] 데려갔다.

3 나는 친구들과 [어디에(서)] 수영하고 싶어요!

스스로 문장 만들기

다음 낱말을 사용하여 '어디에(서)'로 꾸민 문장을 스스로 만들어 보세요.

놀이터 슈퍼마켓 집

1

2

3

→ 정답 및 예시 답안 | 9쪽

문장 꾸미기

'무엇보다'로 꾸미기

'보다'는 서로 차이가 있는 것을 비교할 때, 비교하는 대상 뒤에 붙어 '~에 비해서'의 뜻을 나타내는 말이에요. '무엇보다' 뒤에는 상태나 성질을 나타내는 '어떠하다' 서술어가 따라와요.

◎ 다음 문장에서 '무엇보다'로 꾸민 부분을 살펴보세요.

거북이는 **토끼보다** 빨랐다.

수박은 **귤보다** 크다.

기차가 **자동차보다** 길다.

내가 **오빠보다** 작다.

다음 문장에서 어울리는 말을 골라 ○표 하세요.

1 자두는 (땅콩보다, 수박보다) 무겁다.

2 야구공은 (탁구공이, 탁구공보다) 크다.

3 젤리는 사탕보다 (딱딱하다, 말랑말랑하다).

앞말과 뒷말을 알맞게 선으로 이으세요.

무엇이	무엇보다		어떠하다
1 엄마는	할머니보다 •		• 넓다.
2 코끼리는	생쥐보다 •		• 젊다.
3 바다는	강보다 •		• 무겁다.

보기 에서 알맞은 말을 골라 '무엇보다'로 꾸민 문장을 완성하세요.

보기 빠르다 공룡보다 자전거보다 오빠보다

1 사람은 [무엇보다] 작다.

2 지하철은 [무엇보다] [어떠하다] .

3 동생은 [무엇보다] 어리다.

스스로 문장 만들기

다음 낱말을 사용하여 '무엇보다'로 꾸민 문장을 스스로 만들어 보세요.

겨울 여름 붕어빵 태권도

1

2

3

→ 정답 및 예시 답안 | 9쪽

월 일

문장 꾸미기

'무엇이 어떠한'으로 꾸미기

'무엇이 어떠한'은 사물, 동물, 사람 등을 꾸며 주어요. '무엇이 어떠한'에서 '어떠한'은 상태나 성질을 나타내요.

다음 문장에서 '무엇이 어떠한'으로 꾸민 부분을 살펴보세요.

공작새가 **색깔이 알록달록한** 날개를 폈다.

뿔이 멋진 사슴이 서 있다.

수염이 긴 할아버지가 재채기한다.

발바닥이 말랑말랑한 고양이가 누웠다.

보기 의 빈칸을 '무엇이 어떠한'으로 꾸밀 수 있는 말에 모두 ○표 하세요.

보기 서영이는 ______________ 비누를 좋아한다.

향기가 좋은	화가 난	성격이 덜렁거리는
햇빛이 잘 드는	소리가 큰	모양이 특이한

보기 에서 알맞은 말을 골라 '무엇이 어떠한'으로 꾸민 문장을 완성하세요.

보기 냄새가 구수한 배가 고픈 얼룩무늬가 있는

1 나는 [무엇이 어떠한] 누룽지를 좋아한다.

2 영수는 [무엇이 어떠한] 바지를 입었다.

3 [무엇이 어떠한] 늑대가 입맛을 다신다.

빈칸에 알맞은 말을 써넣어 '무엇이 어떠한'으로 꾸민 문장을 완성하세요.

1 나는 [무엇이 어떠한] 양을 안았다.

2 엄마는 [무엇이 어떠한] 가수를 좋아한다.

3 코뿔소는 [무엇이 어떠한] 기린과 싸웠다.

스스로 문장 만들기

다음 낱말을 사용하여 '무엇이 어떠한'으로 꾸민 문장을 스스로 만들어 보세요.

1 나무 많다

2 스웨터 예쁘다

→ 정답 및 예시 답안 | 10쪽

월 일

문장 꾸미기

'무엇을 어찌한'으로 꾸미기

'무엇을 어찌한'은 사물, 동물, 사람 등을 꾸며 주어요. '무엇을 어찌한'에서 '어찌한'에는 사물, 동물, 사람이 한 일 또는 움직임을 나타내는 말을 써요.

◎ 다음 문장에서 '무엇을 어찌한'으로 꾸민 부분을 살펴보세요.

우유를 마신 아이가 트림을 한다.

금메달을 딴 선수들이 웃는다.

다리를 다친 개가 앉아 있다.

물건을 훔친 도둑이 경찰에게 잡혔다.

다음 문장에서 어울리는 말을 골라 ○표 하세요.

1	민수가	(전학을 온, 전구가 깜박이는)	친구에게 인사했다.
2	유리는	(나를 만나서, 나를 만난)	일을 기억한다.
3	경찰이	(엄마를 잃어버린, 비가 내린)	아이를 도와주었다.

앞말과 뒷말을 알맞게 선으로 이으세요.

	무엇이	무엇을 어찌한		무엇을 어찌하다
1	연극배우가	박수를 치는		아이를 달랬다.
2	의사가	주사를 맞은		관객을 고마워한다.
3	아이들이	먹이를 먹는		돌고래를 본다.

보기 에서 알맞은 말을 골라 '무엇이 어찌한'으로 꾸민 문장을 완성하세요.

보기 수술을 시작한　선물을 준비한　추수를 끝낸

1 참새들이 [무엇을 어찌한] 논밭을 날아다닌다.

2 [무엇을 어찌한] 의사가 환자를 내려다보았다.

3 나는 [무엇을 어찌한] 동생에게 고마워했다.

스스로 문장 만들기

다음 낱말을 사용하여 '무엇을 어찌한'으로 꾸민 문장을 스스로 만들어 보세요.

1 쓰레기　버리다

2 아빠　닮다

→ 정답 및 예시 답안 | 10쪽

글쓰기 어휘 노트 ①

감정을 나타내는 말

감동적이다
마음이 움직이는 느낌이 크다.
예 학예회의 연극이 **감동적이다**.

감사하다
남이 베풀어 준 도움 등에 대해서 고마운 마음이 들다.
예 할머니께서 목도리를 떠 주셔서 무척 **감사했다**.

뉘우치다
스스로 자기 잘못을 깨닫고 마음속으로 꾸짖다.
예 나는 엄마에게 거짓말을 한 일을 **뉘우쳤다**.

두렵다
어떤 대상이 무섭고 마음이 불안하다.
예 밤에 화장실을 갈 때마다 귀신이 나올까 봐 **두렵다**.

머쓱하다
창피를 당하거나 흥이 꺾여 어색하고 부끄럽다.
예 짝에게 먼저 사과를 하려니 **머쓱했다**.

먹먹하다
체한 것같이 가슴이 막힌 느낌이다.
예 담임 선생님께서 다른 학교로 가신다고 하여 마음이 **먹먹했다**.

못마땅하다
마음에 들지 않아 좋지 않다.
예 철이와 짝이 된 것이 내내 **못마땅했다**.

벅차다
감격, 기쁨, 희망이 넘칠 듯이 가득하다.
예 두꺼운 책을 다 읽고 나니 가슴이 **벅차다**.

뿌듯하다
기쁨이나 감격이 마음에 가득 차서 벅차다.
예 내가 만든 꽃을 아빠가 좋아하니 마음이 **뿌듯하다**.

서글프다
쓸쓸하고 외로워 슬프다.
예 주말 동안 혼자 숙제만 해야 하다니 **서글프다**.

서먹하다
낯설거나 친하지 않아 어색하다.
예 반 친구들과 만난 첫날이라 그런지 **서먹했다**.

설레다
마음이 가라앉지 않고 들떠서 두근거리다.
예 내일 소풍 갈 생각에 마음이 **설렜다**.

섬뜩하다
갑자기 소름이 끼치도록 무섭고 끔찍하다.
예 공포 영화를 보니 등골이 **섬뜩하다**.

아늑하다
포근하게 감싸 안기듯 편안하고 조용한 느낌이 있다.
예 인디언 텐트 안에 등불을 켜니 **아늑해서** 좋았다.

안타깝다
뜻대로 되지 않거나 보기에 딱해 가슴 아프고 답답하다.
예 내년엔 서영이와 다른 반이라니 너무 **안타깝다**.

얼떨떨하다 뜻밖의 일로 당황하여 정신을 가다듬지 못하다.
예 송희가 날 좋아한다니 **얼떨떨하다**.

조마조마하다 닥쳐올 일이 걱정되어 마음이 불안하다.
예 오늘 줄넘기 시험을 볼까, 안 볼까? 마음이 **조마조마하다**.

홀가분하다 귀찮은 일이 없고 마음이 가볍고 편안하다.
예 그 많은 방학 숙제를 마치고 나니까 **홀가분하다**.

후회하다 이전의 잘못을 깨닫고 뉘우치다.
예 구구단을 아직 못 외운 것을 **후회한다**.

흐뭇하다 마음에 들고 매우 만족스럽다.
예 곧 크리스마스라고 생각하니 마음이 **흐뭇하다**.

성격을 나타내는 말

거만하다 잘난 체하며 남을 낮추어 보는 데가 있다.
예 누나는 다리를 꼬고 앉아 나를 **거만하게** 쳐다보았다.

꼼꼼하다 빈틈이 없이 차분하고 조심스럽다.
예 내 짝은 **꼼꼼해서** 준비물을 안 가져오는 날이 없다.

너그럽다 마음이 넓고 속이 깊다.
예 교장 선생님은 말썽꾸러기들을 **너그럽게** 용서해 주었다.

느긋하다 조급하거나 서두르지 않고 여유롭다.
예 어차피 지각할 테니 **느긋하게** 걸어갔다.

다정하다 친하게 여기고 사랑하는 마음이 많다.
예 내 동생은 오빠인 나한테 **다정하게** 대하는 일이 드물다.

당당하다 남 앞에 부끄럽지 않고 떳떳하다.
예 반장 선거에 나온 민철이가 의젓하고 **당당해** 보였다.

대범하다 사소한 것에 얽매이지 않고 너그럽다.
예 나도 이순신 장군처럼 **대범하게** 행동하고 싶다.

도도하다 잘난 체하여 말과 행동이 거만하다.
예 일부러 난 속마음과 달리 **도도하게** 행동했다.

살갑다 마음씨가 부드럽고 상냥하다.
예 준이는 전학 온 나를 **살갑게** 대한다.

소심하다 대담하지 못하고 조심성이 많다.
예 삼촌은 덩치가 크지만 성격은 **소심하다**.

슬기롭다
바르게 판단하고 잘 처리하는 재능이 있다.
예 나도 호랑이를 물리친 토끼처럼 **슬기로운** 사람이 되고 싶다.

신중하다
가볍게 판단하거나 행동하지 않고 매우 조심스럽다.
예 할아버지는 나에게 무슨 일이든지 **신중하게** 생각하라고 하신다.

심술궂다
남을 성가시게 하는 것이나 남이 잘못되는 것을 좋아하다.
예 놀부는 우는 아이의 뺨을 때릴 정도로 **심술궂다**.

얌전하다
성품이나 태도가 침착하고 단정하다.
예 누나는 평소에는 **얌전한데** 배가 고플 때는 야수가 된다.

용감하다
용기가 있고 씩씩하고 기운차다.
예 나는 사람들을 구해 내는 **용감한** 소방관이 되고 싶다.

어리석다
일을 바르게 판단하지 못하고 둔하다.
예 금세 들통날 거짓말을 한 내가 **어리석었다**.

우유부단하다
어물어물 망설이기만 하고 결정을 못 내리다.
예 나는 **우유부단해서** 가끔 답답하다는 소리를 듣는다.

인색하다
어떤 일을 하는 것에 마음이나 태도가 너그럽지 못하고 쌀쌀맞다.
예 스크루지는 남에게 뭐든 주기 싫어하고 **인색했다**.

조급하다
참을성이 없고 성격이 몹시 급하다.
예 아무리 **조급해도** 컵라면은 익을 때까지 기다려야 한다.

조심스럽다
잘못이나 실수가 없도록 말이나 행동에 마음을 쓰는 태도가 있다.
예 밤사이 눈이 얼어서 우린 **조심스럽게** 걸어갔다.

행동을 나타내는 말

갸웃거리다
고개나 몸을 이쪽저쪽으로 자꾸 조금씩 비뚤어지게 하다.
예 나는 영문을 몰라서 고개를 **갸웃거렸다**.

거절하다
상대편의 요구, 제안, 선물, 부탁 등을 받아들이지 않다.
예 처음에는 동수의 선물이 부담스러워서 **거절했다**.

골탕 먹이다
한꺼번에 크게 손해를 입히거나 낭패를 당하게 만들다.
예 작은 토끼가 무서운 호랑이를 **골탕 먹인** 것이 통쾌했다.

맞장구치다
남의 말에 서로 대답하거나 의견을 같이하다.
예 엄마가 내 말에 **맞장구쳐** 주어서 기분이 좋았다.

사과하다
자기의 잘못을 인정하고 용서를 빌다.
예 내일은 동생에게 꿀밤 때려서 미안하다고 **사과해야겠다**.

살피다
두루두루 주의하여 자세히 보다.
예 횡단보도를 건너기 전에 좌우를 먼저 **살폈다**.

으쓱하다
어깨를 들먹이며 뽐내다.
예 과학 그림 그리기 대회의 상장을 받고 **으쓱했다**.

잃어버리다
가졌던 물건이 자신도 모르게 없어져 그것을 아주 갖지 않게 되다.
예 내가 아끼던 요요를 오늘 **잃어버렸다**.

잊어버리다
한번 알았던 것을 모두 기억하지 못하거나 전혀 기억해 내지 못하다.
예 받아올림과 받아내림을 어떻게 하는 것인지 깜박 **잊어버렸다**.

해내다
맡은 일이나 닥친 일을 쉽게 처리하다.
예 온 가족이 모여 앉아서 만두 빚는 일을 **해냈다**.

상태를 나타내는 말

감쪽같다
꾸미거나 고친 것이 전혀 티가 나지 않다.
예 분장이 **감쪽같아서** 아무도 나를 알아보지 못한 것 같다.

단란하다
여럿이 함께 즐겁고 정답다.
예 연휴에 할머니 댁에서 사촌 누나, 형들과 **단란하게** 놀고 왔다.

매섭다
정도가 매우 심하다.
예 아직 12월 초인데 바람이 **매섭게** 불었다.

무시무시하다
몹시 무섭다.
예 화가 난 엄마 얼굴이 **무시무시해** 보였다.

보드랍다
닿는 느낌이나 태도가 거칠지 않다.
예 장미꽃 꽃잎을 만져 보니 너무나 **보드라웠다**.

소소하다
작고 중요하게 여길 만하지 않다.
예 **소소한** 일로 시끄럽게 만들지 말자.

쏜살같다
쏜 화살과 같이 매우 빠르다.
예 밤하늘에 별똥별이 **쏜살같이** 지나갔다.

탐스럽다
가지거나 차지하고 싶은 마음이 들 정도로 좋고 끌리는 데가 있다.
예 딸기가 너무나 달콤하고 **탐스러워** 보인다.

한가하다
생각을 다른 데로 돌릴 수 있는 시간적인 여유가 있다.
예 **한가하게** 지낼 수 있는 일요일이 정말 좋다.

희미하다
분명하지 못하고 어렴풋하다.
예 오늘 아침에는 안개가 끼어서 모든 것이 **희미하게** 보였다.

일	글의 종류	실전 글쓰기
19일	일기	오늘 가장 기억에 남는 일은?
20일	일기	오늘 가장 잘한 일은?
21일	일기	오늘 가장 맛있게 먹은 음식은?
22일	일기	오늘 가장 기억에 남는 말은?
23일	일기	20년 후, 나의 하루는?
24일	일기	이야기책을 읽은 감상은?
25일	일기	지식책에서 얻은 지식은?
26일	일기	오늘 가장 고마운 일은?
27일	일기	자세히 관찰해서 정확하게 설명해요
28일	일기	영화를 감상한 소감은?
29일	편지	부모님, 사랑해요!
30일	편지	선생님, 드릴 말씀이 있어요!
31일	편지	친구야, 솔직하게 말할게!
32일	편지	너에게 전할 말이 있어!
33일	편지	항상 내 곁에 있어 줄래?
34일	편지	10년 후, 과연 나의 모습은?
35일	초대장	생일 파티에 초대합니다
36일	초대장	전시회에 초대합니다
37일	안내문	엘리베이터는 수리 중!
38일	안내문	벼룩시장에 참여하세요!
39일	동시	말하는 동물원으로 오세요!
40일	동시	방금 겨울잠에서 깨어났어요!
41일	마음을 표현하는 글	신난다, 야호!
42일	마음을 표현하는 글	내 마음은 콩닥콩닥!
43일	마음을 표현하는 글	세상에 이런 일이!
44일	마음을 표현하는 글	걱정이 태산이야!
45일	마음을 표현하는 글	기대가 크면 실망도 큰 법!
46일	상상하는 글	외계인이 사는 별나라에 간다면?
47일	상상하는 글	내 몸이 무언가로 바뀌었다면?
48일	상상하는 글	타임머신을 타고 시간 여행을 한다면?
49일	상상하는 글	내가 만들고 싶은 로봇은?
50일	상상하는 글	나의 결혼식은 어떤 모습일까?

실전

글을 잘 쓰는 비법,
매일 새로운 갈래별 글쓰기

월 일

일기 / 그림일기

오늘 가장 기억에 남는 일은?

비법 그림일기는 하루에 겪은 일 중에서 가장 기억에 남는 일과 그 일에 대한 생각과 느낌을 그림과 글로 나타낸 일기예요. 겪은 일이 가장 잘 드러나는 장면을 그리고, 그 일이 무슨 일인지 이야기하듯 쓰세요.

예시

몽몽아, 산책 가자!

요즘 바쁘다는 핑계로 몽몽이와 산책을 나가지 않았다. 몽몽이는 우리 집의 하얀 털복숭이 강아지이다. 오후 4시쯤, 몽몽이한테 "산책 가자."라고 말하니까 몽몽이가 알아듣고 신이 나서 목줄을 가져왔다.

나는 할머니와 몽몽이를 데리고 집 근처 공원에 갔다. 몽몽이가 기분이 좋은지 발걸음이 엄청 빨랐다. 몽몽이는 오랜만에 동네 개들과 인사도 하고, 나무에 오줌도 누었다.

'몽몽아, 너가 즐거우니까 나도 즐거워! 그동안 산책 자주 못 시켜 줘서 미안했어. 이제 월요일, 수요일, 금요일은 꼭 산책하러 나가자.'

오늘 가장 기억에 남는 일을 떠올리고, 아래 질문에 답을 쓰세요.

1 언제 어디에서 있었던 일이에요?

2 누구와 함께한 일이에요?

3 어떤 일이 있었나요?

4 그 일의 어떤 장면을 그림으로 나타낼까요?

'오늘 가장 기억에 남는 일은?'을 주제로 일기를 써요.

날짜		날씨	
제목			

➜ 정답 및 예시 답안 | 11쪽

실전 20일

일기 / 그림일기

오늘 가장 잘한 일은?

비법 일기는 가장 기억에 남는 일을 쓰지요. 그런데 특별히 기억에 남는 일이 없다면 오늘 가장 잘한 일을 떠올려 보세요. 그리고 나의 기분을 '즐겁다, 뿌듯하다, 홀가분하다'와 같이 구체적으로 표현해 보아요.

예시

장하다, 수빈아!

오늘 오후에 피아노 학원에서 있었던 일이다. 나는 선생님 앞에서 지난주에 연습한 소나티네를 쳤다. 연습을 제대로 안 해 놔서 박자도 놓치고 막 헤맸다. 선생님께서 "수빈아, 조금 더 연습해야겠구나! 레슨 끝나고 이 곡을 10번 연습하렴."이라고 말씀하셨다.

'10번! 참 지루하겠구나.'

그렇지만 나는 중간에 농땡이 부리지 않고 아까의 곡을 10번 연습하고, 또 2번이나 더 연습했다.

장하다, 수빈아! 나는 내가 피아노를 정해진 횟수보다 더 많이 연습해서 자랑스럽다.

오늘 가장 잘한 일을 떠올리고, 아래 질문에 답을 쓰세요.

1 언제 어디에서 있었던 일이에요?

2 어떤 일이 있었어요?

3 그 일을 왜 잘했다고 생각하나요?

4 잘한 일을 어떤 말로 칭찬하고 싶나요?

'오늘 가장 잘한 일은?'을 주제로 일기를 써요.

날짜		날씨	
제목			

→ 정답 및 예시 답안 | 11쪽

일기 / 주제 일기

오늘 가장 맛있게 먹은 음식은?

비법 일기에 쓸 내용을 떠올리기 어려울 때에는 내가 쓰기 쉬운 주제를 생각해 보세요. '가장 맛있게 먹은 음식', '식사를 할 때 일어난 일' 등 특별한 일이 없는 하루에서 여러 가지 글감을 찾을 수 있어요.

예시

반짝반짝 빛나는 탕후루

학교가 끝나고, 나는 준호와 집으로 가는 길에 탕후루를 처음으로 사 먹었다.

탕후루의 종류로는 딸기, 포도, 귤, 파인애플 탕후루가 있다. 과일을 감싸고 있는 설탕 코팅의 윤기가 반드르르해서 아주 참 먹음직스럽게 생겼다. 나는 포도 탕후루를 한입에 콱 깨물었다. 우아, 맛의 신세계다! 새콤달콤한 맛이 입안에 가득 찼다.

매일매일 탕후루를 3개씩 사 먹고 싶지만 이가 썩을지도 모른다. 하루에 1개만 사 먹어야지! 그리고 자기 전에 이를 뽀득뽀득 닦아야겠다.

오늘 먹은 음식을 떠올리고, 아래 질문에 답을 쓰세요.

1 오늘 나는 어떤 음식을 먹었나요?

2 가장 맛있는 음식은 무엇이었나요?

3 가장 맛있게 먹은 음식의 생김새와 맛은 어떠했나요?

4 그 음식을 누구와 먹었나요?

'오늘 가장 맛있게 먹은 음식은?'을 주제로 일기를 써요.

날짜		날씨	
제목			

→ 정답 및 예시 답안 | 12쪽

월 일

일기 / 주제 일기

오늘 가장 기억에 남는 말은?

비법 내가 한 일, 본 일, 들은 일, 생각과 느낌뿐만 아니라 마음에 남은 말도 일기의 글감이 될 수 있지요. 오늘 가장 기억에 남는 말을 떠올려 보고, 그 말이 나온 상황, 그 말에 대한 생각이나 느낌을 솔직하게 쓰세요.

예시

나는 바보가 아니야

오늘 학교에서 받아쓰기 시험을 보았다. 받아쓰기 급수표에 있는 문장을 열심히 공부했지만 문제를 많이 틀렸다. 내 짝인 오선우가 내 시험지를 보더니 피식 웃으며 작게 재잘댔다.

"바보, 바보, 바보."

나보고 들으라는 말인지 듣지 말라는 말인지 암튼 다 들었다, 너. 화가 나서 손이 떨리고 눈물이 나올 것 같았지만, 울면 지는 것 같아서 가만히 있었다. 두고 보자, 오선우. 오늘부터 받아쓰기 문장 20개씩 공부할 계획이다. 너의 그 말이 틀렸다는 것을 증명할게.

오늘 가장 기억에 남는 말을 떠올리고, 아래 질문에 답을 쓰세요.

1 오늘 가장 기억에 남는 말은 무엇인가요?

2 그 말은 누가 누구에게 한 말인가요?

3 어떤 상황에서 나온 말인가요?

4 그 말에 대한 나의 생각이나 느낌은 어떤가요?

'오늘 가장 기억에 남는 말은?'을 주제로 일기를 써요.

날짜		날씨	
제목			

→ 정답 및 예시 답안 | 12쪽

월 일

일기 / 주제 일기

20년 후, 나의 하루는?

비법 나의 하루가 모여 일 년이 되고, 일 년이 모여 나의 인생이 되지요. 일기는 짧게라도 매일 쓰는 것이 중요해요. 일기 쓰기가 지루하고 막막할 때는, 내가 오늘 상상한 내용을 일기에 써도 괜찮아요.

예시

경찰관 유시원의 하루

나는 유시원 경장이다. 경찰이 된 지 5년이 지났다. 오늘은 아침 8시에 경찰서에 출근했다. 오전에는 맡고 있는 사건들에 대한 수사 보고서를 썼다.

점심에는 금은방에서 보석을 도둑맞은 일을 신고받았다. 그래서 금은방에 직접 가서 사건을 수사했다. 금은방 주인 아저씨에게 어떤 상황이 벌어졌는지 자세히 듣고, 궁금한 점을 물어보았다. 그리고 금은방과 주변의 CCTV, 자동차의 블랙박스 영상을 가져와 오후 내내 영상을 살펴보았다. 그러다가 영상 속에서 수상한 사람을 발견했다. 다행히도 조금만 더 조사하면 범인이 잡힐 것 같다.

20년 후, 나의 하루를 상상하고, 아래 질문에 답을 쓰세요.

1 20년 후, 나는 무엇이 되었나요?

2 아침에는 무슨 일을 했나요?

3 점심에는 무슨 일을 했나요?

4 저녁에는 무슨 일을 했나요?

'20년 후, 나의 하루는?'을 주제로 일기를 써요.

날짜		날씨	
제목			

→ 정답 및 예시 답안 | 13쪽

일기 / 독서 일기

이야기책을 읽은 감상은?

비법 오늘 또는 최근에 읽은 이야기책의 줄거리, 그 책에 대한 나의 느낌이나 생각(감상)을 일기에 써 보세요. 이야기의 줄거리를 다 쓰지 않고 가장 인상 깊은 장면만 소개해도 괜찮아요.

예시

토끼와 거북이

나는 요즘에 『이솝 우화』를 읽고 있다. 『이솝 우화』는 동물을 주인공으로 한 이야기들이 많이 실려 있다. 그중에서 오늘은 '토끼와 거북이' 이야기를 읽었다.

토끼와 거북이가 달리기 경주를 했다. 토끼가 거북이보다 빠른 것은 누구라도 아는 사실이다. 토끼는 결승점에 닿기 전에 지루해져서 낮잠을 잤다. 거북이는 낮잠 자는 토끼를 지나서 열심히 결승점까지 기어갔다. 결국 거북이가 달리기 경주에서 토끼를 이겼다. 토끼는 대체 낮잠을 얼마나 잤던 걸까? 아무리 쉬워 보이는 일이라도 정신을 똑바로 차리고 해야 할 일을 묵묵히 해내야 한다는 교훈을 얻었다.

오늘 또는 최근에 읽은 이야기책을 떠올리고, 아래 질문에 답을 쓰세요.

1 책 또는 이야기의 제목은 무엇인가요?

2 이야기의 주인공은 누구인가요?

3 이야기의 줄거리는 무엇인가요?

4 이야기에 대한 느낌이나 생각은 어떠한가요?

'이야기책의 줄거리와 나의 감상'을 주제로 일기를 써요.

날짜		날씨	
제목			

→ 정답 및 예시 답안 | 13쪽

월 일

일기 / 독서 일기

지식책에서 얻은 지식은?

비법 오늘 또는 최근에 읽은 지식책에서 새롭게 알게 된 점을 일기에 써 보세요. 일기에 지식책의 내용을 요약하여 정리하고, 아쉬웠던 점이나 더 알고 싶은 점도 쓰세요. 또 이 책을 추천할 만한지 평가해 보세요.

예시

재미있고 유익한 『과학 이야기』

『과학 이야기』는 사람, 동물, 자연, 우주에 관한 궁금증을 쉽게 설명하는 책이다. 이 중에서 가장 재미있게 읽은 부분은 '아기가 엄마의 뱃속에서 하는 일'이다. 아기는 엄마의 뱃속에서 '양수'라고 하는 물에 둥둥 떠 있다고 한다. 아기는 신기하게도 양수에 둥둥 떠서 잠을 자기도 하고, 움직이기도 한다. 그리고 엄마와 아기는 '탯줄'이라는 줄로 이어져서 아기가 엄마로부터 공기와 영양분을 받아들일 수 있다. 또 아기는 배 밖에서 나는 여러 가지 소리도 듣는다. 이 부분을 읽고 '아기들은 태어나면 바로 수영을 할 수 있을까?'라는 궁금증이 생겼다. 이에 대한 답을 얻기 위해 내일 선생님께 질문드려야겠다.

지식책을 읽고 새롭게 알게 된 점을 떠올리고, 아래 질문에 답을 쓰세요.

1 책의 제목은 무엇인가요?

2 어떤 내용을 설명하는 책인가요?

3 새롭게 알게 된 점은 무엇인가요?

4 그 책은 다른 사람에게 추천할 만한가요?

'지식책을 읽고 새롭게 알게 된 점'을 주제로 일기를 써요.

날짜		날씨	
제목			

→ 정답 및 예시 답안 | 14쪽

실전 26일

일기 / 감사 일기

오늘 가장 고마운 일은?

비법 오늘 내가 만난 사람들을 떠올려 보세요. 나에게 도움을 준 사람, 기쁨을 준 사람, 감동을 준 사람 등을 찾아보세요. 그중에서 오늘 내가 가장 고마워하는 사람을 고르고, 어떤 일이 있었는지 쓰세요.

예시

고마워, 이지우!

오늘 평생 비밀로 간직해야 할 일이 생겼다. 학교가 끝나고 집에 가는데 갑자기 화장실이 너무 가고 싶었다. 지우랑 집에 가는 길이었는데, 지우 앞에서 오줌을 싸면 어떡하나 긴장했다. 땀이 삐질삐질 났다. 근처에 화장실이 있을 만한 곳을 찾아 계속 두리번거렸다. 화장실이 저기 보였다. 그런데 그만……. 바지에 오줌을 싸고 말았다. 창피해서 눈물만 계속 나오고 아무 말도 못했다. 지우가 말했다.

"야, 괜찮아. 내가 평생 비밀로 할게. 빨리 집에 가자."

엉엉 울면서 집까지 간신히 왔다. 고마워, 이지우! 비밀 꼭 지켜 줘.

오늘 가장 고마운 일을 떠올리고, 아래 질문에 답을 쓰세요.

1 내가 고맙다고 느낀 사람은 누구인가요?

2 고마운 일은 무엇인가요?

3 고맙다고 느낀 사람에게 전하고 싶은 말이 있나요?

4 나는 앞으로 그 사람을 어떻게 대할 생각인가요?

'오늘 가장 고마운 일은?'을 주제로 일기를 써요.

날짜		날씨	
제목			

→ 정답 및 예시 답안 | 14쪽

월 일

일기 / 관찰 일기

자세히 관찰해서 정확하게 설명해요

비법 내 주변에서 자주 보는 물건, 사람, 장소 등을 자세히 살펴보고 관찰 일기를 쓸 수 있어요. 관찰 일기를 쓸 때에는 '검정색 선이 있는'과 같이 구체적인 표현이나 '3일', '5cm' 등 정확한 표현을 사용하는 것이 좋아요.

예시

할아버지의 하루

할아버지께서는 아침 6시 30분쯤 일어나셨다. 할아버지께서는 오늘도 아침을 드시고, 테니스를 하러 우리 동 복지 센터에 가셨다. 나도 학교에 가느라 오전부터 오후 2시 40분까지는 할아버지를 관찰하지 못했다. 학교가 끝나고 할아버지께서 나를 데리러 오셨다. 집에 가면서 나에게 학교에서 일어난 일을 물어보셨다. 오후에 할아버지는 집에서 내가 숙제를 하는 동안 낮잠을 주무시고, 책도 읽으셨다. 엄마, 아빠가 돌아오자 함께 저녁을 먹었다. 저녁을 드시고는 텔레비전으로 뉴스와 주말 연속극을 보셨다. 그리고 "아이고, 졸리구나." 하시면서 9시 20분쯤 주무시러 방으로 들어가셨다.

자세히 관찰한 일을 떠올리고, 아래 질문에 답을 쓰세요.

1 무엇을 자세히 관찰했나요?

2 관찰하려고 생각한 까닭은 무엇인가요?

3 언제 어떠한 방법으로 관찰했나요?

4 관찰 대상에게 어떤 말을 하고 싶나요?

'자세히 관찰한 것'을 주제로 일기를 써요.

날짜		날씨	
제목			

→ 정답 및 예시 답안 | 15쪽

월 일

일기 / 영화 감상 일기

영화를 감상한 소감은?

비법 영화에서는 인물의 말과 행동, 배경이 되는 시간과 장소가 영상으로 표현되어요. 줄거리뿐만 아니라 영화의 분위기, 색감, 음악 등도 살펴보세요. 그리고 흥미진진했던 부분이나 지루했던 부분을 평가해 보세요.

예시

바닷속 이야기

내가 제일 좋아하는 만화영화 『인어 공주』를 오늘도 보았다. 주인공 에리얼은 인어 왕국 아틀란티카의 막내 공주이다. 우연히 바다에 빠진 에릭 왕자를 구하고, 에리얼은 에릭에게 한눈에 반한다. 인간이 되고 싶던 에리얼은 마녀 우르슬라와 계약하여 인간이 된다. 그런데 목소리를 잃었기 때문에 에릭은 자신을 구해 준 이가 에리얼이라는 것을 알 수 없었다. 마녀의 온갖 방해에도 불구하고, 서로 사랑하는 에릭과 에리얼은 마침내 결혼한다. 나는 자신이 원하는 일을 하는 에리얼의 용감한 모습에 감동받았다. 그리고 경쾌한 노래에 맞추어 춤을 추는 바닷속 동물들이 귀여웠다. 누구라도 이 영화를 보면 후회하지 않을 것이다.

영화를 감상한 일을 떠올리고, 아래 질문에 답을 쓰세요.

1 영화의 제목은 무엇인가요?

2 주인공이 어떤 일을 겪는 영화인가요?

3 어떤 부분이 가장 흥미진진했나요?

4 그 영화는 다른 사람에게 추천할 만한가요?

'영화를 감상한 소감'을 주제로 일기를 써요.

날짜		날씨	
제목			

→ 정답 및 예시 답안 | 15쪽

편지 / 부모님

부모님, 사랑해요!

비법 편지는 보통 '편지를 받는 사람의 안부를 묻는 첫인사-전달하고자 하는 내용-편지를 마무리하는 끝인사-편지를 쓴 날짜와 보내는 사람의 이름'의 순서대로 써요.

예시

부모님께

엄마, 아빠 요즘 기분이 어떠세요? 저는 엄마와 아빠의 소중한 아들 진우예요. 매일 뵙는데도 편지로 말씀을 전하려니까 쑥스럽네요. 이렇게 편지를 드리는 이유는 공손하게 부탁드릴 일이 있기 때문이에요.

엄마, 아빠, 어제와 그저께 저녁에 말다툼을 하셨지요? 제가 듣기에는 별로 크지 않은 일이었는데, 감정이 상하셨는지 목소리가 점점 높아졌어요. 우리 가족, 이제 서로 양보하며 웃으면서 대화해요.

그럼 이만 줄일게요. 답장은 책상 위에 놓아 주세요.

2000년 0월 0일. 사랑하는 아들 진우 올림.

부모님께 전하고 싶은 말을 떠올리고, 아래 질문에 답을 쓰세요.

1 첫인사는 어떻게 쓸까요?

2 편지를 쓰는 이유는 무엇인가요?

3 끝인사는 어떻게 쓸까요?

4 답장을 어떻게 받고 싶은가요?

부모님께 전하고 싶은 말을 편지로 써요.

→ 정답 및 예시 답안 | 16쪽

월 일

편지 / 선생님

선생님, 드릴 말씀이 있어요!

비법 내가 만난 선생님들을 떠올려 보세요. 선생님과 어떤 일이 있었나요? 그때 나의 감정은 어떠했나요? 안부와 그리움을 전하는 내용, 추억을 떠올리는 내용, 의견을 전하는 내용으로 편지를 쓸 수 있어요.

예시

선생님께

선생님, 저는 하민이에요.

저는 2학기 때 전학 와서 모든 것이 낯설고 학교에 가기가 무서웠어요. 그런데 선생님께서 항상 따뜻하게 먼저 말을 걸어 주시고, 궁금한 것들을 친절하게 알려 주셨어요. 그래서 제가 이 학교에 빨리 적응하게 된 것 같아요. 이제 친구들도 많아졌고, 자신감이 생겼어요.

선생님, 고맙습니다! 선생님의 사랑을 항상 잊지 않을게요.

2000년 0월 0일. 이하민 올림.

선생님께 전하고 싶은 말을 떠올리고, 아래 질문에 답을 쓰세요.

1 선생님의 이름은 무엇인가요?

2 언제 만난 선생님인가요?

3 나는 선생님께 어떤 제자였나요?

4 편지를 쓰는 이유는 무엇인가요?

선생님께 전하고 싶은 말을 편지로 써요.

→ 정답 및 예시 답안 | 16쪽

월 일

편지 / 친구

친구야, 솔직하게 말할게!

비법 친구끼리는 부모님께 하지 못할 말도 서로 털어놓곤 하지요. 그런데 친구와 사이가 좋을 때도 있지만 서운하거나 짜증이 날 때도 있어요. 때로는 싸우기도 하지요. 친구에게 하고 싶은 말을 솔직하게 글로 표현해 보세요.

예시

사랑하는 친구 아인이에게

아인아, 나는 기준이야. 갑자기 편지를 받아서 많이 놀랐겠다. 너에게 조심스럽게 할 말이 있어. 직접 얼굴을 보며 말하는 것은 쑥스러워서 편지를 썼어.

우리는 유치원 때부터 지금까지 항상 붙어 다녔지. 너는 언제나 나를 잘 대해 주었어. 그런데 어제 축구 경기가 끝났을 때 너한테 말을 함부로 해서 참 미안해. 아인아, 나를 용서해 줘.

부디 서운한 맘을 풀길 바라며 편지를 마칠게. 내일 또 보자. 안녕!

2000년 0월 0일. 기준이가.

친구에게 전하고 싶은 말을 떠올리고, 아래 질문에 답을 쓰세요.

1 친구의 이름은 무엇인가요?

2 언제부터 알게 된 친구인가요?

3 친구와 무엇을 하며 놀았나요?

4 편지를 쓰는 이유는 무엇인가요?

친구에게 전하고 싶은 말을 편지로 써요.

→ 정답 및 예시 답안 | 17쪽

월 일

편지 / 책 속 인물

너에게 전할 말이 있어!

비법 책 속 인물에게 안부 인사를 건네 보세요. 책을 읽으면서 궁금했던 일, 사건의 뒷이야기, 새로운 소식을 물어볼 수도 있어요. 또는 공감이나 위로의 말을 건네거나 자신의 의견을 전달할 수도 있지요.

예시

하늘에 있는 넬로에게

넬로야, 나는 한국에 사는 도연이야. 하늘에서 어떻게 지내니?

네가 파트라슈와 함께 성당에서 영원히 잠든 장면을 읽었을 때 소리 내어 펑펑 울었어. 마을 사람들도 슬퍼하고 자신들의 행동을 뉘우쳤지. 넬로야, 파트라슈와 천국에서 맛있는 음식도 먹고, 멋진 집에서 걱정 없이 지냈으면 좋겠어.

언젠가 우리가 만날 때는 네가 그린 그림도 보여 줘. 항상 행복하길 바란다, 넬로야!

2000년 0월 0일. 도연이가 씀.

책 속 인물에게 하고 싶은 말을 떠올리고, 아래 질문에 답을 쓰세요.

1 책의 제목은 무엇인가요?

2 어떤 인물인가요?

3 그 인물은 무슨 일을 했나요?

4 그 인물에게 하고 싶은 말은 무엇인가요?

책 속 인물에게 전하고 싶은 말을 편지로 써요.

→ 정답 및 예시 답안 | 17쪽

월 일

편지 / 아끼는 대상

항상 내 곁에 있어 줄래?

비법 내가 아끼는 동물, 식물, 물건, 장소 등을 떠올려 보세요. 옛날의 추억 속에서 내가 아끼던 대상을 떠올려 보는 것도 좋아요. 내가 아끼는 대상이 나를 지켜보며 어떤 생각과 감정이 들었을지도 상상해 보세요.

예시

세상에서 제일 예쁜 인형, 세라에게

세라야, 나는 하은이야. 세상에서 너를 가장 좋아하는 사람이지.

너는 눈을 깜박일 때마다 참 예뻤어. 유치원 때, 나는 너의 머리를 곱게 빗겨 주고, 화려한 옷도 많이 입혀 줬어. 그런데 내가 초등학생이 되어서 바빠지니까 너와 자주 놀아 주지 못했어. 나를 원망하는 마음이 많이 들었을 거야. 미안해, 세라야. 세라야, 그래도 너는 항상 내 마음속 1등이야.

세라야, 항상 그 자리에 있어 줘. 사랑해!

2000년 0월 0일. 하은이 올림.

아끼는 대상에게 하고 싶은 말을 떠올리고, 아래 질문에 답을 쓰세요.

1 내가 아끼는 대상은 무엇인가요?

2 그 대상을 고른 이유는 무엇인가요?

3 그 대상은 나를 어떻게 생각할까요?

4 그 대상과 나는 어떤 추억이 있나요?

아끼는 대상에게 하고 싶은 말을 편지로 써요.

→ 정답 및 예시 답안 | 18쪽

월 일

편지 / 10년 후의 나

10년 후, 과연 나의 모습은?

비법 나에게는 무슨 꿈이 있나요? 나는 무엇이 되고 싶나요? 10년 후의 나는 아직 어른이 되기 전의 모습일 수도 있어요. 지금의 내가 10년 후의 나에게 궁금한 점, 당부하고 싶은 점을 글로 전해 보아요.

예시

10년 후, 멋진 나에게

준영아, 어떻게 지내고 있니? 내가 누군지 맞혀 보렴. 바로, 10년 전의 너야, 하하하.

당연히 내가 확인하지 않아도 축구 연습은 잘하고 있겠지? 20년 뒤에는 프로 축구 선수가 되어 유럽 리그에서 뛰어야 되니까 말이야. 지금 어떤 고등학교에 다니는지 궁금하다. 축구를 오랫동안 해 오면서 그동안 어려운 일은 얼마나 많았니?

비록 힘든 일도 많았겠지만 늘 그랬던 것처럼 헤쳐 나가길 바란다. 안녕, 나중에 보자.

20○○년 ○월 ○일. 준영이가.

10년 후의 나에게 하고 싶은 말을 떠올리고, 아래 질문에 답을 쓰세요.

1 10년 후의 나는 몇 살, 몇 학년인가요?

2 10년 후, 나의 관심사는 무엇일까요?

3 10년 후, 나를 힘들게 하는 것은 무엇일까요?

4 10년 후, 나에게 당부하고 싶은 말은 무엇일까요?

10년 후 나에게 하고 싶은 말을 편지로 써요.

→ 정답 및 예시 답안 | 18쪽

초대장 / 생일 파티

생일 파티에 초대합니다

비법 초대장은 다른 사람들에게 어떤 모임이나 행사에 오기를 요청하거나 불러서 대접하겠다는 뜻을 담은 글이에요. 초대하는 목적, 날짜, 시간, 장소, 행사의 내용을 쉽게 알아볼 수 있도록 써야 해요.

예시

생일 파티 초대장

친구야, 안녕? 나, 김태이의 생일에 초대할게.
맛있는 케이크와 간식을 대접할게. 부모님께 여쭤보고 답을 해 줘.

- 날짜와 시간: ○월 ○일 (토) 오후 1:00~3:00
- 장소: 태이의 집(○○ 아파트 102동 503호)

생일 파티 초대장에 쓸 내용을 떠올리고, 아래 질문에 답을 쓰세요.

1 초대하고 싶은 사람들은 누구누구인가요?

2 초대장에서 반드시 알려 주어야 할 내용은 무엇인가요?

3 파티에 오는 사람은 무엇을 준비해야 하나요?

4 생일 파티 초대장에는 어떤 그림을 그리면 좋을까요?

생일 파티 초대장을 써요.

제목	

→ 정답 및 예시 답안 | 19쪽

초대장 / 전시회

전시회에 초대합니다

비법 전시회에는 내가 잘 모르는 사람들도 많이 온답니다. 그렇기 때문에 전시회 초대장은 생일 파티 초대장보다 좀 더 예의를 갖추어 전시회의 목적이나 성격 등을 설명해야 해요.

예시

우주에서 온 초대장

○○ 초등학교 우주 연구반은 해, 달, 별 등의 사진 전시뿐만 아니라
야광 별자리판과 목걸이 제작 행사를 준비했습니다. 오셔서 자리를 빛내 주세요.

- 일시: 6월 3일 금요일 오후 6:00~8:00
- 장소: ○○ 초등학교 과학실, 옥상

전시회 초대장에 쓸 내용을 떠올리고, 아래 질문에 답을 쓰세요.

1 어떤 전시회인가요?

2 전시회에 누가 올까요?

3 인사말을 어떻게 표현할까요?

4 초대장에 꼭 넣어야 할 내용은 무엇인가요?

전시회 초대장을 써요.

제목	

→ 정답 및 예시 답안 | 19쪽

안내문 / 엘리베이터 수리

엘리베이터는 수리 중!

비법 안내문은 사람들에게 어떤 내용을 소개하여 알려 주는 글이에요. 알리고자 하는 내용을 정확하고 간결하게 써야 해요. 엘리베이터를 사용하던 사람들이 꼭 알아야 하는 내용을 엘리베이터 수리 안내문에 쓰세요.

예시

엘리베이터 점검 및 수리 안내

안녕하세요? 엘리베이터 층수를 알리는 LED 화면에 문제가 생겼습니다. 이에 따라 엘리베이터 점검 및 수리가 6월 12일 오전 9시부터 오후 2시까지 진행될 예정입니다. 점검 및 수리 시간은 약간 늘어나거나 줄어들 수 있습니다. 불편하시더라도 점검 및 수리 기간 동안에는 계단을 이용하시기 바랍니다.

튼튼 아파트 관리 사무소

엘리베이터가 고장 난 상황을 떠올리고, 아래 질문에 답을 쓰세요.

1 어디에 있는 엘리베이터가 고장이 났나요?

2 엘리베이터는 언제부터 언제까지 이용할 수 없나요?

3 안내문은 누가 쓰나요?

4 이 안내문은 언제 어디에 붙이는 것이 좋을까요?

엘리베이터 수리를 알리는 안내문을 써요.

제목	

→ 정답 및 예시 답안 | 20쪽

월 일

안내문 / 벼룩시장

벼룩시장에 참여하세요!

비법 벼룩시장은 쓰던 물건을 남에게 값싸게 팔거나 무료로 나누어 주는 행사예요. 벼룩시장 행사와 관련하여 사람들이 꼭 알아야 할 내용을 안내문에 쓰세요.

예시

○○ 초등학교 벼룩시장 안내문

- 일시: 5월 4일(금) 오후 2:00~5:00
- 장소: ○○ 초등학교 강당
- 판매 물품: 장난감, 옷, 책, 가방 등
- 준비물: 판매할 물건, 돗자리, 잔돈, 시원한 물
- 주의 사항: 사용하던 물건 중에서 깨끗한 물건만 판매하세요.

벼룩시장 행사 장면을 떠올리고, 아래 질문에 답을 쓰세요.

1 벼룩시장은 어떤 행사인가요?

2 벼룩시장은 언제 어디에서 열리나요?

3 벼룩시장에서는 어떤 사람들이 누구에게 물건을 판매하나요?

4 벼룩시장에 어떤 프로그램이 더 있으면 좋을까요?

벼룩시장을 알리는 안내문을 써요.

제목	

→ 정답 및 예시 답안 | 20쪽

월 일

동시 / 동물원

말하는 동물원으로 오세요!

비법 동시는 어린이를 위하여 어린이의 마음으로 쓴 시예요. 시에서 말하는 사람은 자신의 생각, 감정, 상상을 리듬감 있게 표현해요. 시의 리듬을 위해서는 맞춤법이나 띄어쓰기에 약간 어긋나는 표현을 써도 괜찮아요.

예시

말하는 동물원

사자는 "초콜릿 사자!"
하마는 "그래, 하마!"
타조는 "나를 타조!"
돼지는 "내가 다 먹어도 되지?"
새우가 꾸벅 인사하며 "네, 그러세우."

동물들이 하고 싶은 말을 떠올리고, 아래 질문에 답을 쓰세요.

1 내가 좋아하는 동물은 무엇인가요?

2 동물들이 말을 할 수 있다면 뭐라고 말할까요?

3 소리나 모양을 흉내 내는 말을 어떻게 사용할까요?

4 머릿속에 어떤 장면이 그려지나요?

'말하는 동물원'을 주제로 동시를 써요.

제목	

→ 정답 및 예시 답안 | 21쪽

월 일

동시 / 겨울잠에서 깬 동물들

방금 겨울잠에서 깨어났어요!

비법 눈, 코, 입, 귀, 피부 등으로 받아들이는 느낌을 생생하게 표현해 보세요. 모양이나 소리를 흉내 내는 말로 표현하는 방법, 꾸미는 말로 표현하는 방법을 사용하여 리듬감 있는 동시를 쓰세요.

예시

다들 일어나, 봄이야!

빠지직 빠지직
무슨 소리야? 얼음이 깨지고 있어!
뭔데 뭔데? 벌써 봄이라고?

곰 가족이 기지개를 쭉 펴며 하품을 뱉어 내요.
"아이고, 잘 잤다!"

겨울잠에서 깨어난 동물들을 떠올리고, 아래 질문에 답을 쓰세요.

1 겨울잠에서 깨어난 동물들은 어떤 동물들일까요?

2 겨울잠에서 깨어난 동물들의 표정은 어떠할까요?

3 겨울잠에서 깨어난 동물들의 생각이나 느낌은 어떠할까요?

4 겨울잠에서 깨어난 동물들 주변의 풍경은 어떠할까요?

'겨울잠에서 깨어난 동물들'을 주제로 동시를 써요.

제목	

→ 정답 및 예시 답안 | 21쪽

마음을 표현하는 글 / 신남

신난다, 야호!

비법 신났던 날을 떠올려 보세요. 신났던 일을 자세하고 생생하게 설명하고, 그날의 감정을 '하늘로 높이 날아갈 것 같다, 왕이 된 것 같았다' 등 꾸미는 말을 사용하여 표현해 보세요.

예시

초록 띠가 나에게 온 날

나는 3개월 전부터 태권도 도장에 다닌다. 우리 도장의 사범 선생님은 태권도 동작을 친절하게 잘 알려 주고, 격려를 많이 해 주신다. 그래서 난 태권도가 좋아졌다.

지난주 금요일에는 태권도 도장에서 승급 시험이 있었다. 노란 띠를 던져 버리고 빨리 초록 띠를 메고 싶었다. 승급 심사에는 기본 동작, 품새, 발차기 격파 등 여러 가지를 시험한다. 나는 승급 심사에 통과하기 위해 매일 시간 날 때마다 태권도 동작을 연습했다. 드디어 내가 바란 대로 초록 띠를 손에 넣었다!

돌려 차기를 100번 해도 좋을 만큼 기분이 좋았다! 그날, 집에서 가족들에게 자랑하고 또 자랑했다.

신났던 일을 떠올려 보고, 아래 질문에 답을 쓰세요.

1 그 일은 언제 일어났나요?

2 그 일은 무슨 일인가요?

3 그 일이 왜 그렇게 신이 났나요?

4 그때 신났던 감정을 한마디로 어떻게 표현할 수 있을까요?

신났을 때의 상황과 감정을 표현하는 글을 써요.

제목	

→ 정답 및 예시 답안 | 22쪽

월 일

마음을 표현하는 글 / 설렘

내 마음은 콩닥콩닥!

비법 설렘은 마음이 가라앉지 않고 들떠서 두근거리는 감정이에요. 좋아하는 시간이나 사람을 기다렸을 때, 좋아하는 장소에 갔을 때 또는 좋아하는 것을 보았을 때를 떠올려 보세요.

예시

하하하, 내 생일입니다

1주일만 참으면 내 생일이다! 그날은 토요일이라서 친구들을 집으로 초대해서 생일 파티를 열 계획이다. 오늘 내가 예쁘게 꾸민 초대장을 친구들에게 나누어 줬다.

"얘들아, 꼭 와야 해. 맛있는 음식을 많이 만들어 놓을게."

내 생일에는 케이크, 피자, 탕수육, 초콜릿, 젤리 등 맛있는 음식이 넘쳐 나도록 준비할 거다. 그리고 집안 곳곳을 색종이로 꾸밀 생각이다.

당연히 선물도 받겠지? 생일 파티 생각만 하면 심장이 두근거리고 발을 콩콩 구르게 된다.

설렜던 일을 떠올리고, 아래 질문에 답을 쓰세요.

1 마음이 가라앉지 않고 들떠서 두근거린 적이 있나요?

2 나를 설레게 만든 그 일은 무엇인가요?

3 나는 설레는 일을 생각할 때 어떤 행동을 하나요?

4 설렜던 일이 끝나면 어떤 생각이나 감정이 들까요?

설렜을 때의 상황과 감정을 표현하는 글을 써요.

제목	

→ 정답 및 예시 답안 | 22쪽

43일

마음을 표현하는 글 / 놀람

세상에 이런 일이!

비법 '놀랍다'의 뜻은 다양하지요. '놀랍다'는 '감동을 일으킬 만큼 훌륭하거나 굉장하다', '갑작스러워 두렵거나 흥분하다', '어처구니없을 만큼 괴상하다'의 뜻을 지녀요. 뜻을 참고하여 놀랐던 일을 떠올려 보세요.

예시

창문에 저게 뭐야?

지난 수요일에 학교가 끝나고 진서와 집에 가는 길이었다. 재밌게 얘기하고 깔깔 웃으며 걸어가고 있었다. 그러다가 무심코 어느 빌라의 창문을 보았다.

"진서야, 저기 좀 봐. 저 집 베란다에 엄청 큰 삐에로 인형이 있어!"

깜짝 놀라서 진서를 다급하게 불렀다. 삐에로 인형인지 조각상인지 아무튼 얼마나 큰지, 삐에로의 모자가 베란다 천장에 닿아 있었다. 그리고 거인 삐에로는 씩 웃는 표정으로 우리를 보고 있었다.

악! 우리는 깜짝 놀라서 냅다 달렸다.

놀랐던 일을 떠올리고, 아래 질문에 답을 쓰세요.

1 무슨 일 때문에 놀랐나요?

2 언제 일어난 일인가요?

3 누구와 함께 있었나요?

4 놀랐을 때 내 표정은 어땠나요?

놀랐을 때의 상황과 감정을 표현하는 글을 써요.

제목

→ 정답 및 예시 답안 | 23쪽

월 일

마음을 표현하는 글 / 걱정

걱정이 태산이야!

비법 일이 잘못될까 봐 생겼던 걱정, 아끼는 대상이 잘못될까 봐 생겼던 걱정을 떠올려 보세요. 걱정이 되어서 어떤 생각이 들었는지, 걱정이 되던 일은 어떻게 되었는지도 써 보세요.

예시

걱정했어, 몽몽아!

"몽몽아! 몽몽아! 어디에 있니?"

큰일 났다. 몽몽이가 사라져 버렸다. 공원에서 산책을 하다가 내가 잠깐 한눈을 파는 사이에 몽몽이는 사라져 버렸다. 하늘이 노래지는 것 같았다. 주위를 샅샅이 뒤져 보아도 몽몽이를 닮은 개조차 보이지 않았다. 눈물도 나오고, 한숨도 나왔다. 괜히 나 때문에 일이 이렇게 된 것 같았다.

한참을 몽몽이를 찾으며 돌아다니다가 집으로 갔다. 아니, 그런데 웬걸! 몽몽이가 집 앞에서 어슬렁거리고 있었다. 나는 그쪽으로 달려가 몽몽이를 얼른 품에 안았다.

걱정했던 일을 떠올리고, 아래 질문에 답을 쓰세요.

1 걱정했던 일은 무엇인가요?

2 그 일을 왜 걱정했나요?

3 걱정하는 마음을 어떻게 표현했나요?

4 지금도 그 일을 걱정하고 있나요?

걱정했을 때의 상황과 감정을 표현하는 글을 써요.

제목	

→ 정답 및 예시 답안 | 23쪽

월 일

마음을 표현하는 글 / 실망

기대가 크면 실망도 큰 법!

비법 실망은 바라던 일이 뜻대로 되지 않아서 마음이 몹시 상한 감정이에요. 어떤 일이 나를 실망하게 했나요? 실망스러웠던 일을 떠올려 그때의 상황과 감정을 생생하게 표현해 보세요.

예시

그래도 잘했다

나는 도윤이와 영어 말하기 대회를 한 달 동안 준비하고 있었다. 대본의 주제도 힘들게 정했고, 대본도 선생님의 도움을 약간 받았지만 도윤이와 내가 거의 썼다.

대회 날, 우리는 덜덜 떨면서 무대에 나갔다. 아니 그런데, 이럴 수가! 준비한 것이 기억이 나지 않았다. 약간의 시간이 흐른 뒤에 제대로 말할 수 있었다. 그런데 이제 도윤이가 말이 너무 빠르다. 도윤이도 많이 긴장했나 보다. 지금은 영어 말하기가 어떻게 끝났는지도 기억이 안 난다.

결국 상은 받지 못했다. 실망이 컸지만 누구의 탓도 하지 않겠다. 다음엔 더 잘해야지!

실망했던 일을 떠올리고, 아래 질문에 답을 쓰세요.

1 실망했던 일은 언제 있었던 일인가요?

2 실망했던 일은 무엇인가요?

3 실망한 마음을 어떻게 표현했나요?

4 그 일이 잘되었으면 기분이 어땠을까요?

실망했을 때의 상황과 감정을 표현하는 글을 써요.

제목	

→ 정답 및 예시 답안 | 24쪽

실전 46일

월 일

상상하는 글 / 외계인

외계인이 사는 별나라에 간다면?

비법 외계인을 지구 밖에서 만나는 상상을 한 적이 있나요? 외계인은 나와 대화가 통할까요? 외계인의 외모, 성격, 특징, 외계인이 사는 별나라의 모습을 자유롭게 상상하여 표현해 보세요.

예시

거인들이 사는 별나라

내가 탄 우주선은 모르는 별에 떨어져 버렸다. 이 별은 초록빛 피부를 지닌 거인들이 지배하고 있다. 나를 비롯하여 우주선에 탄 사람들은 거인들에게 잡혀 캡슐 침대 같은 곳에 한 명씩 누워 있다.

맙소사! 어떤 거인 가족이 나를 번쩍 들어서 새장처럼 생긴 통에 넣었다. 잘은 모르지만 어딘가로 이동하는 것 같다. 그들의 집에 도착했다. 그들은 웃으면서 내가 살 집을 손으로 가리킨다. 지구에서 본 개집과 비슷하게 생겼다. 그래도 이불도 있고, 베개도 있다. 내가 애완동물이 된 건가? 기회를 봐서 이곳을 탈출해야겠다.

외계인이 사는 별나라를 상상하고, 아래 질문에 답을 쓰세요.

1 나는 별나라에 어떻게 가게 되었나요?

2 외계인은 어떻게 생겼나요?

3 외계인과 대화를 할 수 있나요?

4 외계인이 사는 별나라는 어떤 모습인가요?

'외계인이 사는 별나라에 간다면?'을 주제로 글을 써요.

제목

→ 정답 및 예시 답안 | 24쪽

월 일

상상하는 글 / 나의 변신

내 몸이 무언가로 바뀌었다면?

비법 어느 날 갑자기 내 몸이 무언가로 바뀐다면 어떤 일이 벌어질까요? 변신하고 싶은 대상을 골라 변신 이후에 벌어질 일을 자유롭게 상상하여 표현하세요.

예시

나는 원래 천사였나 봐

자려고 하는데 갑자기 등이 가렵다. 등을 만져 보니, 뼈가 자꾸 솟아오르려고 한다. 설마 하는 마음으로 잠이 들었다. 하지만 아침에 일어나 거울을 보니, 나는 커다랗고 하얀 날개를 가진 천사의 모습이었다.

어디선가 목소리가 들렸다. "사람들을 도우러 가거라." 일단 나는 날개를 파닥거리며 창문 사이를 빠져나가 마을 위를 날아다녔다. 저 멀리에 슬프게 우는 청년이 보여 그 앞으로 날아갔다. "무슨 일입니까?" 청년은 깜짝 놀라며 돈을 잃어버렸다고 말했다. 내가 손가락을 튕기자 청년의 손에 돈이 생겼다. "정말 고맙습니다, 천사님! 이 은혜는 평생 잊지 않을게요."

내가 무언가로 변신하는 모습을 상상하고, 아래 질문에 답을 쓰세요.

1 무엇으로 변신하고 싶은가요?

2 그것으로 변신하면 어떤 기분이 들까요?

3 주변 사람들은 바뀐 내 모습을 보고 어떤 말과 행동을 할까요?

4 변신한 나는 어떤 일을 벌일까요?

'내 몸이 무언가로 바뀌었다면?'을 주제로 글을 써요.

제목	

→ 정답 및 예시 답안 | 25쪽

월 일

상상하는 글 / 시간 여행

타임머신을 타고 시간 여행을 한다면?

비법 타임머신을 타고 시간 여행을 할 수 있다면 어디로 가고 싶은가요? 내가 가 보고 싶은 과거나 미래의 모습, 시간 여행을 하는 나에게 벌어질 일 등을 자유롭게 상상하여 표현하세요.

예시

가자, 공룡이 살던 시대로

쿵! 쿵! 쿵! 쿵!

천둥소리가 사방에서 들리고 있다. 오, 나는 타임머신을 타고 공룡이 살던 시대로 왔다. 평소에 공룡을 좋아했기 때문이다. 하지만 곧바로 후회했다. 저기에서 티라노사우루스가 입맛을 쩝쩝 다시며 걸어오고 있었다. 나는 모든 힘을 짜내어 풀숲이 우거진 곳으로 도망갔다.

풀숲으로 가니까 거대한 초식 공룡들이 풀을 뜯고 있다. 목이 긴 브라키오사우르스 무리이다. 웬만한 빌딩만 한 크기에 놀라 벌벌 떨 수밖에 없었다. 그때, 트리케라톱스 새끼가 나에게 다가왔다.

나의 시간 여행을 상상하고, 아래 질문에 답을 쓰세요.

1 내가 여행하고 싶은 때는 언제인가요?

2 시간 여행에서 가장 먼저 본 풍경은 무엇일까요?

3 나는 여행하면서 어떤 사람을 만나게 될까요?

4 시간 여행을 하는 나는 어떤 기분일까요?

'타임머신을 타고 시간 여행을 한다면?'을 주제로 글을 써요.

제목

→ 정답 및 예시 답안 | 25쪽

월 일

상상하는 글 / 로봇

내가 만들고 싶은 로봇은?

비법 내가 만든 로봇은 어떤 모습일까요? 로봇의 모습, 능력, 하는 일을 구체적으로 떠올려 보세요. 로봇이 인간과 다른 점은 무엇인지, 로봇이 할 수 없는 일은 무엇인지도 생각해 보세요.

예시

내 친구 엘리샤의 비밀

엘리샤는 나와 가장 친한 친구이다. 엘리샤는 갈색 머리에 흰 피부, 회색 눈동자를 지녔다. 그리고 10개 이상의 외국어로 대화할 줄 알고, 책을 한 번만 보면 머릿속에 다 외우는 친구이다.

그런데 비밀이 있다. 사실 엘리샤는 내가 2년 전에 만든 로봇이다. 이 사실은 우리 가족만 알고 있다. 엘리샤는 우리 집에서 같이 살기 때문이다. 엘리샤는 음식을 먹지 않고, 화장실에 가지 않는다. 그렇지만 인간이 할 줄 아는 일은 다 할 수 있다. 엘리샤는 대통령이 되고 싶은 꿈이 있다. 그러려면 인간이어야 될 것 같은데, 모르겠다. 나는 어찌 됐든 엘리샤를 도울 것이다.

내가 만들고 싶은 로봇을 상상하고, 아래 질문에 답을 쓰세요.

1 내가 만들고 싶은 로봇은 어떤 모습인가요?

2 이 로봇의 이름은 무엇으로 지을까요?

3 이 로봇은 무슨 일들을 주로 할까요?

4 이 로봇과 함께 지내면 어떤 일들이 벌어질까요?

'내가 만들고 싶은 로봇'을 주제로 글을 써요.

제목

→ 정답 및 예시 답안 | 26쪽

월 일

상상하는 글 / 결혼식

나의 결혼식은 어떤 모습일까?

비법 나는 언제 어디에서 누구와 결혼하게 될까요? 나의 남편 또는 부인의 모습, 성격, 직업을 상상해 보세요. 또 결혼식 때 입을 옷, 결혼식을 올리는 장소, 결혼식에 참석한 사람들의 모습도 떠올려 보세요.

예시

공전에서 열리는 결혼식

나의 결혼식은 유럽의 어느 궁전 앞마당에서 열린다. 나는 세계에서 가장 돈이 많은 부자이기 때문에 이 나라에 큰 돈을 내고 궁전에서 결혼해도 좋다는 허락을 받았다. 아침에는 드레스를 입고, 화장을 받느라 굉장히 정신없었다. 나의 남편은 실력이 뛰어난 요리사이다. 성격은 온화하고, 말을 차분하게 하는 편이다. 예복을 입으니까 평소보다 멋있어 보인다.

결혼식을 축하하러 수십 명의 손님들이 왔다. 초등학교 때부터 친하게 지낸 친구들도 많이 와 있다. 친구들이 결혼을 축하한다며 나에게 인사를 했다.

나의 결혼식을 상상하고, 아래 질문에 답을 쓰세요.

1 나는 언제 어디에서 누구와 결혼하게 될까요?

2 나는 어떤 장점이 있고, 나의 남편 또는 부인은 어떤 장점이 있을까요?

3 결혼식 날 아침에는 무슨 일을 할까요?

4 나의 결혼식에 어떤 친구들이 와서 축하해 줄까요?

'나의 결혼식'을 주제로 글을 써요.

제목

→ 정답 및 예시 답안 | 26쪽

글쓰기 어휘 노트 ②

속담

가는 말이 고와야 오는 말이 곱다	남에게 좋은 말과 행동을 해야 자기에게도 좋게 돌아온다.
가랑비에 옷 젖는 줄 모른다	사소한 것이라도 거듭되면 무시하지 못할 정도로 크게 된다.
가재는 게 편	서로 비슷한 것끼리 잘 어울리고 감싸 주기 쉬움을 이르는 말.
개구리 올챙이 적 생각 못 한다	형편이 나아진 사람이 지난날의 어렵던 때를 생각지 못하고 처음부터 잘난 듯이 뽐낸다.
계란으로 바위 치기	상대가 너무 강하여 도저히 이길 수 없는 경우를 이르는 말.
고래 싸움에 새우 등 터진다	강한 자들끼리 싸우는 통에 약한 자가 중간에 끼어서 피해를 입는 경우를 이르는 말.
고양이 목에 방울 달기	쥐가 고양이의 목에 방울을 달듯이, 실행에 옮기기 어려운 일이나 그런 것을 의논하는 것을 이르는 말.
꼬리가 길면 밟힌다	나쁜 일을 아무리 남몰래 해도 오래 계속하면 결국 들킨다.
누울 자리 봐 가며 발을 뻗어라	어떤 일을 할 때 결과가 어찌 될지 생각하여 미리 살피고 시작하라는 말.
달면 삼키고 쓰면 뱉는다	옳고 그름이나 믿음에 따르지 않고, 자기 이익만을 꾀한다.
닭 잡아먹고 오리발 내놓기	옳지 못한 일을 저질러 놓고 엉뚱한 수작으로 속여 넘기려는 경우를 이르는 말.
닭 쫓던 개 지붕 쳐다보듯	애써 하던 일이 실패로 돌아가거나 남보다 뒤떨어져 어쩔 도리가 없이 됨을 이르는 말.

도둑이 제 발 저리다	지은 죄가 있으면 자연히 마음이 조마조마해짐을 이르는 말.
등잔 밑이 어둡다	대상에서 가까이 있는 사람이 도리어 대상에 대해서 잘 알기 어렵다는 말.
똥이 무서워서 피하나 더러워서 피하지	악하거나 같잖은 사람을 피하는 것은 그가 무서워서가 아니라 상대할 가치가 없어서 피하는 것이라는 말.
뛰는 놈 위에 나는 놈 있다	아무리 재주가 뛰어나더라도 그보다 더 뛰어난 사람이 있다.
말이 씨가 된다	늘 말하던 것이 마침내 사실대로 되었을 때를 이르는 말.
말만 잘하면 천 냥 빚도 가린다	말은 일상생활에 큰 영향을 끼치는 것이니 말할 때는 애써 조심해야 한다.
목마른 놈이 우물 판다	제일 급하고 필요한 사람이 그 일을 서둘러 하게 되어 있다.
못 먹는 감 찔러나 본다	제 것으로 만들지 못할 바에야 남도 갖지 못하게 못쓰게 만든다.
미꾸라지 한 마리가 온 웅덩이를 흐려 놓는다	한 사람의 좋지 않은 행동이 그 집단 전체나 여러 사람에게 나쁜 영향을 미친다.
미운 아이 떡 하나 더 준다	미운 사람일수록 잘해 주고 감정을 쌓지 않아야 한다는 말.
믿는 도끼에 발등 찍힌다	잘되리라고 믿고 있던 일이 어긋나거나 믿고 있던 사람이 배반하여 오히려 해를 입는다.
바늘 도둑이 소도둑 된다	작은 나쁜 짓도 자꾸 하게 되면 큰 죄를 저지르게 된다.

발 없는 말이 천 리 간다	말은 비록 발이 없지만 천 리 밖까지도 순식간에 퍼지니 말을 조심해서 해야 한다.
방귀 뀐 놈이 성낸다	잘못을 저지른 쪽에서 오히려 남에게 성을 낸다.
벼룩의 간을 내먹는다	어려운 처지에 있는 사람에게서 중요한 것을 빼앗는다.
벼 이삭은 익을수록 고개를 숙인다	교양이 있고 수양을 쌓은 사람일수록 겸손하고 남 앞에서 자기를 내세우려 하지 않는다.
백지장도 맞들면 낫다	하얀 종이 한 장이라도 같이 들면 같이 들지 않는 것보다 낫다는 뜻으로, 쉬운 일이라도 협력하여 하면 훨씬 쉽다.
빈 수레가 요란하다	실속 없는 사람이 겉으로 더 떠들어 댄다.
사공이 많으면 배가 산으로 간다	여러 사람이 저마다 주장을 내세우면 일이 제대로 되기 어렵다.
소 잃고 외양간 고친다	일이 이미 잘못된 뒤에는 손을 써도 소용이 없다는 말.
하룻강아지 범 무서운 줄 모른다	경험이 적거나 어린 사람이 철없이 함부로 덤빈다.

초끝

초등 공부
시작부터
끝까지!

정답 및 예시 답안

문장 학습 +
글쓰기

1 단계

초등 1~2학년

메가스터디BOOKS

초등 공부 시작부터 끝까지!

초끝

문장 학습 + 글쓰기

정답 및 예시 답안

1 단계

초등 1~2학년

본책 8~9쪽

기본 1일

문장의 구성 요소

문장이 뭐예요?

월 일

문장은 낱말들이 연결되어 생각, 감정, 상황 등을 나타내는 가장 작은 단위예요. 문장은 마침표, 물음표, 느낌표와 같은 문장 부호로 끝맺어요.

○ 다음 문장들의 공통점을 살펴보세요.

저것은 무엇일까요?

친구가 나에게 반갑게 인사한다.

바나나는 정말 맛있어!

나는 원숭이에게 바나나를 주었다.

다음 중 문장인 것은 ○표, 문장이 아닌 것은 X표 하세요.

1 달콤한 초콜릿 우유와 따끈한 빵 (X)
2 오늘이 셋째 주 수요일인가요? (O)
3 일곱 가지 색깔의 무지개가 걸려 있는 하늘 (X)
4 나는 가족들과 마트에 가는 것을 좋아한다. (O)

알맞은 문장이 되도록 선을 이으세요.

1	개구리가	끓인	개굴개굴	맛있어요!
2	공책이	연못가에서	있었는지	기억나니?
3	할머니께서	어디에	된장찌개는	노래한다.

보기 에서 알맞은 말을 골라 문장을 완성하세요.

보기: 동생에게 나는 대나무를

1 바깥이 시끄러워서 [나는] 잠을 잘 수 없었다.
2 팬더가 손에 든 [대나무를] 맛있게 먹고 있다.
3 아빠가 [동생에게] 재미있는 이야기를 들려준다.

스스로 문장 만들기

다음 낱말을 사용하여 문장을 스스로 만들어 보세요.

고양이 친구 젤리 거울

1 고양이가 배고파서 야옹야옹 울고 있다.
2 친구가 나에게 준 젤리는 메론맛이다.
3 거울아, 이 세상에서 누가 제일 예쁘니?

→ 정답 및 예시 답안 | 2쪽

본책 10~11쪽

기본 2일

문장의 구성 요소

문장의 주어 알기

월 일

'주어'는 문장에서 '누가', '무엇이'에 해당하는 말이에요. 문장의 주인 역할을 하지요. 주어의 끝에 '은', '는', '이', '가'와 같은 말을 붙여요.

○ 다음 문장에서 주어를 살펴보세요.

해가(주어) 산 위에 높이 떠 있다.

복숭아는(주어) 분홍빛으로 익었다.

펭귄은(주어) 남극에 산다.

친구들이(주어) 놀이터에서 신나게 논다.

다음 문장의 주어에 ○표 하세요.

1 (바닷물은) 매우 차갑다.
2 (나는) 생일에 친구들을 초대했다.
3 (동생이) 케이크를 야금야금 먹는다.
4 (산타클로스가) 트리 아래에 선물을 놓고 갔다.

보기 에서 알맞은 주어를 골라 빈칸에 쓰세요.

보기: 아빠께서 참새들이 열매가

1 [열매가] 주렁주렁 열렸다.
2 [아빠께서] 거울을 보며 수염을 깎는다.
3 [참새들이] 전선 위에 앉아 있다.

주어를 사용하여 다음 문장을 자유롭게 완성하세요.

1 [케이크가] 내 입에서 사르르 녹는다.
2 [태극기가] 바람에 펄럭펄럭 나부낀다.
3 [망아지가] 방귀를 뿡뿡 뀌었다.

스스로 문장 만들기

다음 낱말을 주어로 사용하여 문장을 스스로 만들어 보세요.

할머니 오리 공주

1 할머니께서 김치전을 부쳐 주셨다.
2 오리가 마당에서 꽥꽥 울고 있다.
3 공주가 붉은색 루비가 박힌 드레스를 입고 있다.

→ 정답 및 예시 답안 | 2쪽

기본 3일

월 일

문장의 구성 요소

문장의 서술어 알기 ①

문장의 주어가 한 일 또는 주어의 상태, 성질을 풀이하는 말은 '서술어'예요. 서술어는 문장에서 '무엇이다', '어떠하다', '어찌하다'에 해당하는 말이지요.

◎ 다음 문장에서 서술어를 살펴보세요.

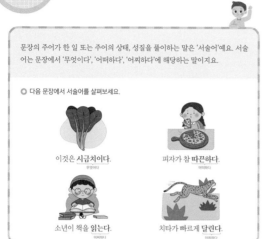

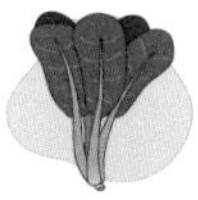

이것은 **시금치이다**. (무엇이다)

피자가 참 **따끈하다**. (어떠하다)

소년이 책을 **읽는다**. (어찌하다)

치타가 빠르게 **달린다**. (어찌하다)

다음 문장의 서술어에 ○표 하세요.

1 내 친구 우빈이는 (똑똑하다).

2 회색 먹구름이 우르르 (몰려온다).

3 푸들, 몰티즈, 치와와는 모두 (개이다).

4 숲속의 나무, 바위, 돌길 위에 눈이 (쌓였다).

보기 에서 알맞은 '어떠하다' 서술어를 골라 빈칸에 쓰세요.

보기: 부끄럽다 노랗다 환하다

1 햇빛이 잘 들어와서 거실이 [환하다].

2 담장 밑에 피어난 개나리가 [노랗다].

3 나는 무대에서 춤추는 것이 [부끄럽다].

앞말에 어울리는 '어찌하다' 서술어를 선으로 이으세요.

1 시우는 놀이터에 — 갔다.

2 예슬이는 친구를 — 기다렸다.

3 나는 인형을 친구로 — 삼았다.

스스로 문장 만들기

다음 낱말을 서술어로 사용하여 문장을 스스로 만들어 보세요.

부드럽다 꺼내다 산책하다

1 엄마의 실크 블라우스는 참 부드러워.

2 예슬이는 가방에서 필통을 꺼냈다.

3 라온이는 몽몽이와 집 주변에서 산책했다.

→ 정답 및 예시 답안 | 3쪽

기본 4일

월 일

문장의 구성 요소

문장의 서술어 알기 ②

'서술어'는 문장에서 다양한 모습으로 나타나요. '헤엄치다'와 같이 낱말에서 변하지 않는 부분 '헤엄치-'에 '-다'가 붙은 모습은 기본형이에요. '헤엄친다, 헤엄치자'와 같이 '헤엄치-'에 여러 가지 말이 붙은 모습은 활용형이에요.

◎ 기본형 '헤엄치다'의 활용형과 문장의 뜻을 살펴보세요.

고래가 바닷속에서 천천히 **헤엄친다**.
고래가 바닷속에서 천천히 **헤엄치니**?
고래가 바닷속에서 천천히 **헤엄치는구나**!
고래야, 바닷속에서 천천히 **헤엄쳐라**.
고래야, 바닷속에서 천천히 **헤엄치자**.

앞말에 어울리는 서술어에 ○표 하세요.

1 은혜야, 고구마와 우유를 같이 [(먹자) | 먹는].

2 기침을 콜록콜록하는 것을 보니까 감기에 [걸렸던 | (걸렸구나)]!

3 사람들이 쓰레기를 함부로 버려서 길거리가 [(더럽다) | 더럽니].

보기 에서 알맞은 서술어를 골라 빈칸에 쓰세요.

보기: 매운 맵다 매웠니

1 초록색 작은 고추가 참 [맵다].

2 아빠가 만든 떡볶이가 얼마나 [매웠니]?

서술어를 사용하여 다음 문장을 자유롭게 완성하세요.

1 엄마가 나를 칭찬할 때, 나는 [쑥스럽다].

2 나는 삶은 계란과 장조림을 [먹는다].

3 우리 모두 공원에서 신나게 [춤추자]!

스스로 문장 만들기

다음 낱말의 활용형을 서술어로 사용하여 문장을 스스로 만들어 보세요.

멋있다 노래하다 뛰어넘다

1 영화의 남자 주인공이 참 멋있었어!

2 여름에는 매미가 맴맴 시끄럽게 노래해요.

3 늑대는 목장의 울타리를 뛰어넘었다.

→ 정답 및 예시 답안 | 3쪽

기본 5일

문장의 구성 요소

문장의 목적어 알기

월 일

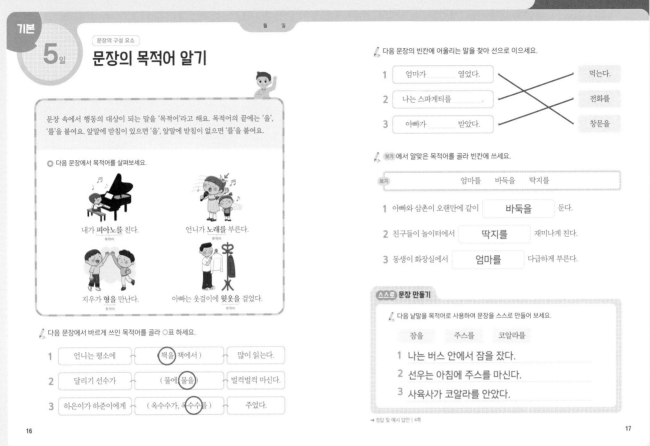

문장 속에서 행동의 대상이 되는 말을 '목적어'라고 해요. 목적어의 끝에는 '을', '를'을 붙여요. 앞말에 받침이 있으면 '을', 앞말에 받침이 없으면 '를'을 붙여요.

◎ 다음 문장에서 목적어를 살펴보세요.

내가 **피아노를** 친다. (목적어)

언니가 **노래를** 부른다. (목적어)

지우가 **형을** 만난다. (목적어)

아빠는 옷걸이에 **윗옷을** 걸었다. (목적어)

다음 문장에서 바르게 쓰인 목적어를 골라 ○표 하세요.

1 언니는 평소에 (책을, 책에서) 많이 읽는다. — 정답: 책을
2 달리기 선수가 (물에, 물을) 벌컥벌컥 마신다. — 정답: 물을
3 하은이가 하준이에게 (옥수수가, 옥수수를) 주었다. — 정답: 옥수수를

다음 문장의 빈칸에 어울리는 말을 찾아 선으로 이으세요.

1 엄마가 ______ 열었다. — 창문을
2 나는 스파게티를 ______. — 먹는다.
3 아빠가 ______ 받았다. — 전화를

보기 에서 알맞은 목적어를 골라 빈칸에 쓰세요.

보기: 엄마를 바둑을 딱지를

1 아빠와 삼촌이 오랜만에 같이 **바둑을** 둔다.
2 친구들이 놀이터에서 **딱지를** 재미나게 친다.
3 동생이 화장실에서 **엄마를** 다급하게 부른다.

스스로 문장 만들기

다음 낱말을 목적어로 사용하여 문장을 스스로 만들어 보세요.

잠을 주스를 코알라를

1 나는 버스 안에서 잠을 잤다.
2 선우는 아침에 주스를 마신다.
3 사육사가 코알라를 안았다.

→ 정답 및 예시 답안 | 4쪽

기본 6일

문장의 구성 요소

문장의 보어 알기

월 일

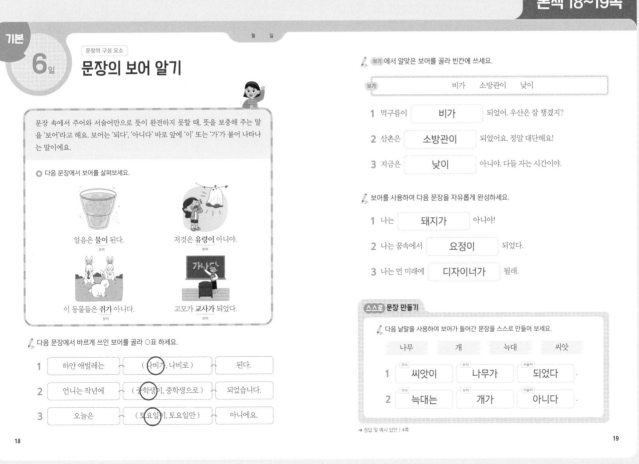

문장 속에서 주어와 서술어만으로 뜻이 완전하지 못할 때, 뜻을 보충해 주는 말을 '보어'라고 해요. 보어는 '되다', '아니다' 바로 앞에 '이' 또는 '가'가 붙어 나타나는 말이에요.

◎ 다음 문장에서 보어를 살펴보세요.

얼음은 **물이** 된다. (보어)

저것은 **유령이** 아니야. (보어)

이 동물들은 **쥐가** 아니다. (보어)

고모가 **교사가** 되었다. (보어)

다음 문장에서 바르게 쓰인 보어를 골라 ○표 하세요.

1 하얀 애벌레는 (나비가, 나비로) 된다. — 정답: 나비가
2 언니는 작년에 (중학생이, 중학생으로) 되었습니다. — 정답: 중학생이
3 오늘은 (토요일이, 토요일만) 아니에요. — 정답: 토요일이

보기 에서 알맞은 보어를 골라 빈칸에 쓰세요.

보기: 비가 소방관이 낮이

1 먹구름이 **비가** 되었어. 우산은 잘 챙겼지?
2 삼촌은 **소방관이** 되었어요. 정말 대단해요!
3 지금은 **낮이** 아니야. 다들 자는 시간이야.

보어를 사용하여 다음 문장을 자유롭게 완성하세요.

1 나는 **돼지가** 아니야!
2 나는 꿈속에서 **요정이** 되었다.
3 나는 먼 미래에 **디자이너가** 될래.

스스로 문장 만들기

다음 낱말을 사용하여 보어가 들어간 문장을 스스로 만들어 보세요.

나무 개 늑대 씨앗

	주어	보어	서술어
1	씨앗이	나무가	되었다.
2	늑대는	개가	아니다.

→ 정답 및 예시 답안 | 4쪽

기본 7일

월 일

문장의 구조

무엇이 무엇이다

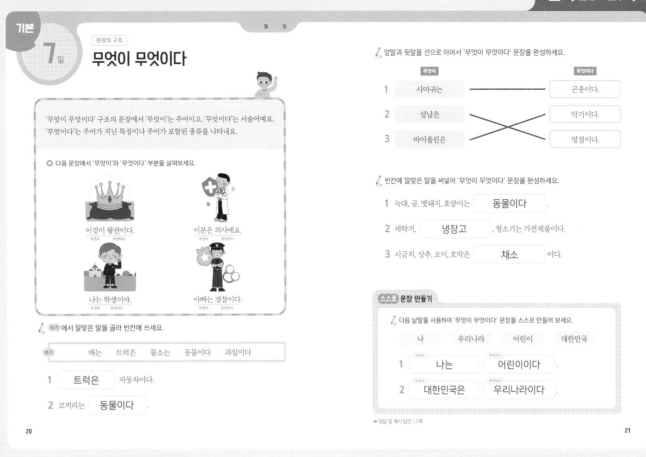

'무엇이 무엇이다' 구조의 문장에서 '무엇이'는 주어이고, '무엇이다'는 서술어예요. '무엇이다'는 주어가 지닌 특징이나 주어가 포함된 종류를 나타내요.

○ 다음 문장에서 '무엇이'와 '무엇이다' 부분을 살펴보세요.

이것이 왕관이다.

이분은 의사예요.

나는 학생이야.

아빠는 경찰이다.

보기 에서 알맞은 말을 골라 빈칸에 쓰세요.

보기 배는 트럭은 물소는 동물이다 과일이다

1 트럭은 자동차이다.

2 코끼리는 동물이다 .

앞말과 뒷말을 선으로 이어서 '무엇이 무엇이다' 문장을 완성하세요.

무엇이	무엇이다
1 사마귀는	곤충이다.
2 설날은	명절이다.
3 바이올린은	악기이다.

빈칸에 알맞은 말을 써넣어 '무엇이 무엇이다' 문장을 완성하세요.

1 늑대, 곰, 멧돼지, 호랑이는 동물이다 .

2 세탁기, 냉장고 , 청소기는 가전제품이다.

3 시금치, 상추, 오이, 호박은 채소 이다.

스스로 문장 만들기

다음 낱말을 사용하여 '무엇이 무엇이다' 문장을 스스로 만들어 보세요.

나 우리나라 어린이 대한민국

1 나는 어린이이다 .

2 대한민국은 우리나라이다 .

→ 정답 및 예시 답안 | 5쪽

기본 8일

월 일

문장의 구조

무엇이 무엇이 되다/아니다

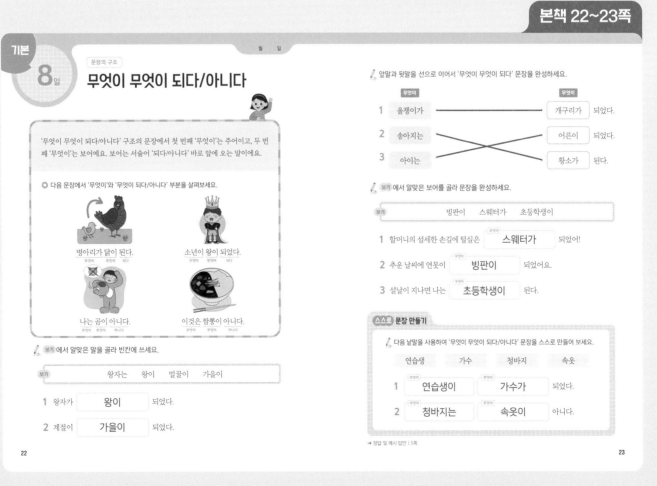

'무엇이 무엇이 되다/아니다' 구조의 문장에서 첫 번째 '무엇이'는 주어이고, 두 번째 '무엇이'는 보어예요. 보어는 서술어 '되다/아니다' 바로 앞에 오는 말이에요.

○ 다음 문장에서 '무엇이'와 '무엇이 되다/아니다' 부분을 살펴보세요.

병아리가 닭이 된다.

소년이 왕이 되었다.

나는 곰이 아니다.

이것은 짬뽕이 아니다.

보기 에서 알맞은 말을 골라 빈칸에 쓰세요.

보기 왕자는 왕이 벌꿀이 가을이

1 왕자가 왕이 되었다.

2 계절이 가을이 되었다.

앞말과 뒷말을 선으로 이어서 '무엇이 무엇이 되다' 문장을 완성하세요.

무엇이	무엇이
1 올챙이가	개구리가 되었다.
2 송아지는	황소가 된다.
3 아이는	어른이 되었다.

보기 에서 알맞은 보어를 골라 문장을 완성하세요.

보기 빙판이 스웨터가 초등학생이

1 할머니의 섬세한 손길에 털실은 스웨터가 되었어!

2 추운 날씨에 연못이 빙판이 되었어요.

3 설날이 지나면 나는 초등학생이 된다.

스스로 문장 만들기

다음 낱말을 사용하여 '무엇이 무엇이 되다/아니다' 문장을 스스로 만들어 보세요.

연습생 가수 청바지 속옷

1 연습생이 가수가 되었다.

2 청바지는 속옷이 아니다.

→ 정답 및 예시 답안 | 5쪽

기본 9일

월 일

문장의 구조

무엇이 어떠하다

'무엇이 어떠하다' 구조의 문장에서 '무엇이'는 주어이고, '어떠하다'는 성질이나 상태를 나타내는 서술어예요.

○ 다음 문장에서 '무엇이'와 '어떠하다' 부분을 살펴보세요.

앵무새는 똑똑하다.

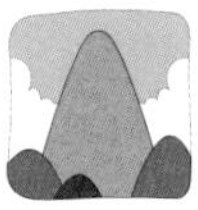

산이 높다.

나는 튼튼하다.

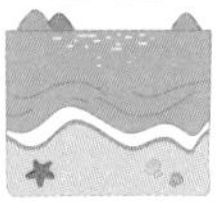

바다가 고요하다.

보기 에서 알맞은 말을 골라 빈칸에 쓰세요.

보기 피곤하다 쫄깃하다 섭섭하다 축축하다

1 떡꼬치가 쫄깃하다.

2 땅바닥이 축축하다.

앞말과 뒷말을 선으로 이어서 '무엇이 어떠하다' 문장을 완성하세요.

	무엇이	어떠하다
1	문제가	어렵다.
2	보름달이	밝다.
3	수염이	길다.

보기 에서 알맞은 말을 골라 '무엇이 어떠하다' 문장을 완성하세요.

보기 얼음이 노랗다 답답하다

1 마음이 답답하다.

2 얼음이 차갑다.

3 은행잎이 노랗다.

스스로 문장 만들기

다음 낱말을 사용하여 '무엇이 어떠하다' 문장을 스스로 만들어 보세요.

잔디밭 하늘 맑다 푸릇푸릇하다

1 잔디밭이 푸릇푸릇하다.

2 하늘이 맑다.

→ 정답 및 예시 답안 | 6쪽

기본 10일

월 일

문장의 구조

무엇이 어찌하다

'무엇이 어찌하다' 구조의 문장에서 '무엇이'는 주어이고, '어찌하다'는 주어가 한 일이나 주어의 움직임을 나타내는 서술어예요.

○ 다음 문장에서 '무엇이'와 '어찌하다' 부분을 살펴보세요.

아기가 걷다.

꽃이 피었다.

바위가 굴러가다.

시계추가 흔들린다.

보기 에서 알맞은 말을 골라 빈칸에 쓰세요.

보기 눈송이가 안개가 불었다 부었다

1 눈송이가 떨어진다.

2 바람이 불었다.

앞말과 뒷말을 선으로 이어서 '무엇이 어찌하다' 문장을 완성하세요.

	무엇이	어찌하다
1	고릴라가	하품했다.
2	울음소리가	그쳤다.
3	방문이	열렸다.

보기 에서 알맞은 말을 골라 '무엇이 어찌하다' 문장을 완성하세요.

보기 생각이 벌어졌다 끓는다

1 싸움이 벌어졌다.

2 생각이 떠올랐다.

3 김치찌개가 끓는다.

스스로 문장 만들기

다음 낱말을 사용하여 '무엇이 어찌하다' 문장을 스스로 만들어 보세요.

거북이 깃발 기어가다 휘날리다

1 거북이가 기어간다.

2 깃발이 휘날린다.

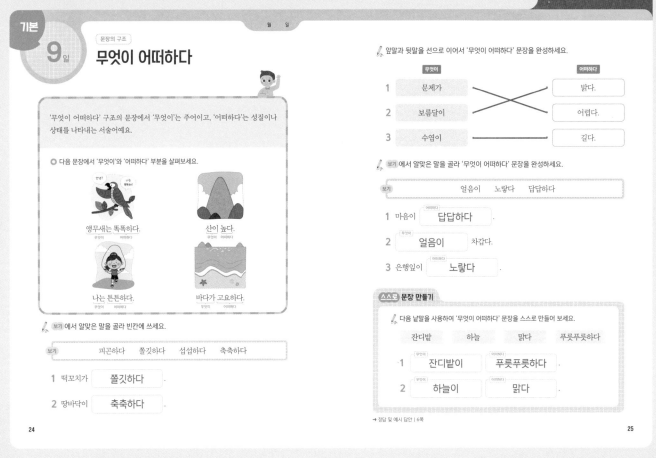

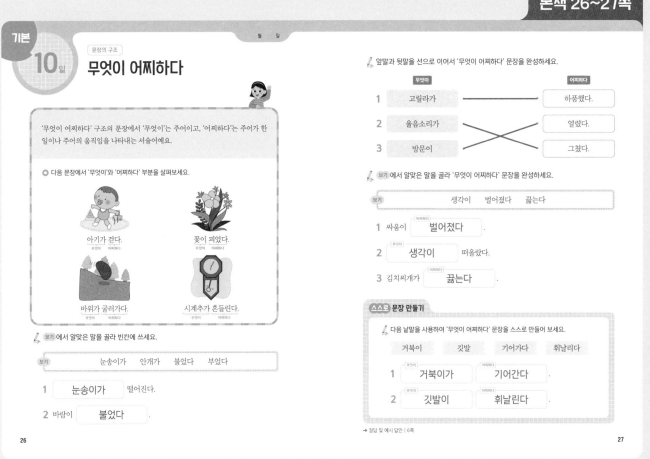

→ 정답 및 예시 답안 | 6쪽

본책 28~29쪽

기본 11일

문장의 구조

무엇이 무엇을 어찌하다

월 일

'무엇이 무엇을 어찌하다' 구조의 문장에서 '무엇이'는 주어이고, '무엇을'은 목적어이며, '어찌하다'는 주어가 한 일이나 주어의 움직임을 나타내는 서술어예요.

◎ 다음 문장에서 '무엇이', '무엇을', '어찌하다' 부분을 살펴보세요.

내가(무엇이) 떡볶이를(무엇을) 먹는다(어찌하다).

친구들이(무엇이) 횡단보도를(무엇을) 건넌다(어찌하다).

소방관이(무엇이) 불을(무엇을) 끈다(어찌하다).

할아버지께서(무엇이) 나무를(무엇을) 심는다(어찌하다).

보기 에서 알맞은 말을 골라 빈칸에 쓰세요.

보기: 토마토를 자전거를 외웠다 새웠다

1 친구가 [자전거를] 탄다.

2 나무꾼은 밤을 [새웠다].

앞말과 뒷말을 선으로 이어서 '무엇이 무엇을 어찌하다' 문장을 완성하세요.

무엇이	무엇을	어찌하다
1 준수가	손발을	씻는다.
2 상어가	물고기를	쫓는다.
3 나리가	일기를	쓴다.

빈칸에 알맞은 말을 써넣어 '무엇이 무엇을 어찌하다' 문장을 완성하세요.

1 나는 [무엇을: 뮤지컬을] 보았다.

2 누나가 [무엇을: 바구니를] 들었다.

3 아빠는 자동차를 [어찌하다: 운전한다].

스스로 문장 만들기

다음 낱말을 사용하여 '무엇이 무엇을 어찌하다' 문장을 스스로 만들어 보세요.

엄마 축구 삼계탕 좋아하다

1 [무엇이: 엄마께서] [무엇을: 삼계탕을] [어찌하다: 만드신다].

2 [무엇이: 나는] [무엇을: 축구를] [어찌하다: 좋아한다].

→ 정답 및 예시 답안 | 7쪽

본책 30~31쪽

기본 12일

문장의 구조

무엇이 무엇에게 무엇을 어찌하다

월 일

'무엇이 무엇에게 무엇을 어찌하다' 구조의 문장에서 '무엇이'는 주어이고, '무엇을'은 목적어이고, '어찌하다'는 주어가 한 일이나 주어의 움직임을 나타내는 서술어예요. 서술어 중에는 '무엇에게'가 꼭 필요한 것들이 있어요.

◎ 다음 문장에서 '무엇이', '무엇에게', '무엇을', '어찌하다' 부분을 살펴보세요.

내가(무엇이) 친구에게(무엇에게) 책을(무엇을) 선물했다(어찌하다).

민희가(무엇이) 할머니께(무엇에게) 편지를(무엇을) 쓴다(어찌하다).

엄마가(무엇이) 아이에게(무엇에게) 반찬을(무엇을) 준다(어찌하다).

투수가(무엇이) 포수에게(무엇에게) 공을(무엇을) 던진다(어찌하다).

보기 에서 알맞은 말을 골라 빈칸에 쓰세요.

보기: 텔레비전을 심부름을 말에게 잔디밭에

1 선생님께서 서빈이에게 [심부름을] 시킨다.

2 아저씨가 [말에게] 당근을 준다.

다음 문장에서 바르게 쓰인 말을 골라 ○표 하세요.

1 우리는 / 괴물에게 음식을 / (바쳤다(○), 변했다).

2 요정이 / (신데렐라로, 신데렐라에게(○)) / 구두를 주었다.

3 친구가 / (나에, 나에게(○)) / 쪽지를 보냈다.

빈칸에 알맞은 말을 써넣어 '무엇이 무엇에게 무엇을 어찌하다' 문장을 완성하세요.

	무엇이	무엇에게	무엇을	어찌하다
1	손님이	주인에게	돈을	낸다.
2	아빠가	아기에게	우유를	먹인다.
3	내가	짝꿍에게	가위를	빌렸다.

스스로 문장 만들기

다음 낱말을 사용하여 '무엇이 무엇에게 무엇을 어찌하다' 문장을 스스로 만들어 보세요.

친구 할머니 쏟다 입히다

1 [무엇이: 내가] [무엇에게: 친구에게] [무엇을: 국물을] [어찌하다: 쏟았다].

2 [무엇이: 할머니께서] [무엇에게: 나에게] [무엇을: 점퍼를] [어찌하다: 입히셨다].

→ 정답 및 예시 답안 | 7쪽

본책 32~33쪽

기본 13일

문장 꾸미기

'어떤'으로 꾸미기

월 일

'어떤'은 사물, 동물, 사람 등을 꾸미는 말이에요. '어떤'으로 낱말을 꾸미면 사물, 동물, 사람의 성질이나 상태를 자세히 설명할 수 있어요.

○ 다음 문장에서 '어떤'으로 꾸민 부분을 살펴보세요.

둥근 보름달이 세상을 비춘다.

샛노란 개나리가 봄을 알린다.

뛰어다니는 강아지가 참 앙증맞다.

거대한 공룡이 나타났다.

문장에서 '어떤'으로 쓰이는 말을 모두 찾아 ○표 하세요.

1 **(작은)** **(하얀)** 귀엽다 저절로 **(사나운)**

2 빨리 **(빠른)** **(예쁜)** 멋지다 **(좋은)**

3 따갑다 **(젊은)** 닫다 펼쳐서 **(그리운)**

보기 의 낱말을 '어떤'으로 꾸밀 수 있는 말에 모두 ○표 하세요.

보기 인형

적은	깊은	**(까만)**	**(큰)**
(오래된)	늙은	**(새)**	건강한

빈칸에 알맞은 말을 써넣어 '어떤'으로 꾸민 문장을 완성하세요.

1 콩쥐가 [어떤] 조그만 두꺼비를 만났다.

2 나는 [어떤] 예쁜 [무엇이] 치마가 좋다.

3 사람들이 [어떤] 슬픈 [무엇을] 영화를 본다.

스스로 문장 만들기

다음 낱말을 사용하여 '어떤'으로 꾸민 문장을 스스로 만들어 보세요.

화려한 가난한 착한 똑똑한

1 아가씨가 화려한 드레스를 입었어요.

2 착한 도깨비가 가난한 농부에게 황금을 주었어요.

3 그 젊은이는 참 똑똑한 사람이야!

→ 정답 및 예시 답안 | 8쪽

본책 34~35쪽

기본 14일

문장 꾸미기

'어떻게'로 꾸미기

월 일

'어떻게'는 서술어를 꾸미는 말이에요. '어떻게'로 서술어를 꾸미면 상태나 동작을 나타내는 서술어를 자세히 설명할 수 있어요.

○ 다음 문장에서 '어떻게'로 꾸민 부분을 살펴보세요.

동생이 크게 운다.

사과가 빨갛게 익었다.

보물이 상자에 가득 찼다.

함박눈이 펑펑 내린다.

문장에서 '어떻게'로 쓰이는 말을 모두 찾아 ○표 하세요.

1 **(밝게)** 어른스럽다 **(느리게)** 반갑다 **(매우)**

2 **(하얗게)** 괜찮다 **(재빨리)** **(냉큼)** 크다

3 **(펑펑)** **(향기롭게)** 짧은 **(가깝게)** **(강하게)**

보기 의 빈칸을 '어떻게'로 꾸밀 수 있는 말에 모두 ○표 하세요.

보기 바람이 ____ 분다.

(세차게)	배부르게	**(약하게)**	**(살랑살랑)**
쨍쨍	**(시원하게)**	콩콩	**(거세게)**

빈칸에 알맞은 말을 써넣어 '어떻게'로 꾸민 문장을 완성하세요.

1 봄비가 [어떻게] 보슬보슬 내렸다.

2 [무엇이] 유리창이 [어떻게] 뿌옇게 보인다.

3 나는 사람들 앞에서 [어떻게] 당당하게 발표했다.

스스로 문장 만들기

다음 낱말을 사용하여 '어떻게'로 꾸민 문장을 스스로 만들어 보세요.

씩씩하게 조용히 뚜렷하게

1 나는 힘든 일을 씩씩하게 극복하겠다.

2 도서관에서 아이들이 조용히 공부한다.

3 안경을 쓰니까 앞이 뚜렷하게 보인다.

→ 정답 및 예시 답안 | 8쪽

본책 36~37쪽

기본 15일 월 일

문장 꾸미기

'어디에(서)'로 꾸미기

'어디에(서)'는 장소를 나타내는 말이에요. '어디에(서)'로 서술어를 꾸미면 주어와 관련된 일이 일어나는 장소를 자세히 알 수 있어요.

◎ 다음 문장에서 '어디에(서)'로 꾸민 부분을 살펴보세요.

오리들이 **연못에** 있다.

윤이는 **수족관에서** 물고기를 보았다.

나는 **학교에** 갔다.

사람들이 **공원에서** 쉰다.

문장에서 '어디에(서)'로 쓰이는 말을 모두 찾아 ○표 하세요.

1 프랑스가 (시골집에) (식당에서) (방에) 학교를
2 (놀이터에서) 바닷가를 (북한산에) 동굴은 (시장에서)
3 마트로 음식점은 (도시에서) (서점에) (은행에서)

보기 에서 알맞은 말을 골라 '어디에(서)'로 꾸민 문장을 완성하세요.

보기: 지구에 음악실에서 동물원에서

1 나는 [동물원에서] 북극곰 가족을 보았다.
2 우리는 [음악실에서] 바이올린을 연주했다.
3 외계인이 우주선을 타고 [지구에] 왔다.

빈칸에 알맞은 말을 써넣어 '어디에(서)'로 꾸민 문장을 완성하세요.

1 나는 어렸을 때 [놀이공원에] 많이 갔다.
2 마녀는 아이들을 [섬에] 데려갔다.
3 나는 친구들과 [계곡에서] 수영하고 싶어요!

스스로 문장 만들기

다음 낱말을 사용하여 '어디에(서)'로 꾸민 문장을 스스로 만들어 보세요.

놀이터 슈퍼마켓 집

1 이서는 놀이터에서 신나게 놀았다.
2 윤하는 슈퍼마켓에서 과자를 많이 샀다.
3 유범이는 저녁에 집에 들어갔다.

→ 정답 및 예시 답안 | 9쪽

본책 38~39쪽

기본 16일 월 일

문장 꾸미기

'무엇보다'로 꾸미기

'보다'는 서로 차이가 있는 것을 비교할 때, 비교하는 대상 뒤에 붙어 '~에 비해서'의 뜻을 나타내는 말이에요. '무엇보다' 뒤에는 상태나 성질을 나타내는 '어떠하다' 서술어가 따라와요.

◎ 다음 문장에서 '무엇보다'로 꾸민 부분을 살펴보세요.

거북이는 **토끼보다** 빨랐다.

수박은 **귤보다** 크다.

기차가 **자동차보다** 길다.

내가 **오빠보다** 작다.

다음 문장에서 어울리는 말을 골라 ○표 하세요.

1 자두는 ((땅콩보다), 수박보다) 무겁다.
2 야구공은 (탁구공이, (탁구공보다)) 크다.
3 젤리는 사탕보다 (딱딱하다, (말랑말랑하다)).

앞말과 뒷말을 알맞게 선으로 이으세요.

무엇이	무엇보다	어떠하다
1 엄마는	할머니보다	넓다.
2 코끼리는	생쥐보다	젊다.
3 바다는	강보다	무겁다.

(정답: 1 엄마는 할머니보다 – 젊다. / 2 코끼리는 생쥐보다 – 무겁다. / 3 바다는 강보다 – 넓다.)

보기 에서 알맞은 말을 골라 '무엇보다'로 꾸민 문장을 완성하세요.

보기: 빠르다 공룡보다 자전거보다 오빠보다

1 사람은 [공룡보다] 작다.
2 지하철은 [자전거보다] [빠르다].
3 동생은 [오빠보다] 어리다.

스스로 문장 만들기

다음 낱말을 사용하여 '무엇보다'로 꾸민 문장을 스스로 만들어 보세요.

겨울 여름 붕어빵 태권도

1 겨울은 여름보다 춥다.
2 나는 태권도가 발레보다 좋다.
3 나는 슈크림 붕어빵이 단팥 붕어빵보다 좋다.

→ 정답 및 예시 답안 | 9쪽

본책 40~41쪽

기본 17일

문장 꾸미기

'무엇이 어떠한'으로 꾸미기

월 일

'무엇이 어떠한'은 사물, 동물, 사람 등을 꾸며 주어요. '무엇이 어떠한'에서 '어떠한'은 상태나 성질을 나타내요.

○ 다음 문장에서 '무엇이 어떠한'으로 꾸민 부분을 살펴보세요.

공작새가 **색깔이 알록달록한** 날개를 폈다.

뿔이 멋진 사슴이 서 있다.

수염이 긴 할아버지가 재채기한다.

발바닥이 말랑말랑한 고양이가 누웠다.

보기 의 빈칸을 '무엇이 어떠한'으로 꾸밀 수 있는 말에 모두 ○표 하세요.

보기 서영이는 ______ 비누를 좋아한다.

(향기가 좋은) ○	화가 난	성격이 덜렁거리는
햇빛이 잘 드는	소리가 큰	(모양이 특이한) ○

보기 에서 알맞은 말을 골라 '무엇이 어떠한'으로 꾸민 문장을 완성하세요.

보기 냄새가 구수한 배가 고픈 얼룩무늬가 있는

1 나는 (무엇이 어떠한) 냄새가 구수한 누룽지를 좋아한다.

2 영수는 (무엇이 어떠한) 얼룩무늬가 있는 바지를 입었다.

3 (무엇이 어떠한) 배가 고픈 늑대가 입맛을 다신다.

빈칸에 알맞은 말을 써넣어 '무엇이 어떠한'으로 꾸민 문장을 완성하세요.

1 나는 (무엇이 어떠한) 털이 북실북실한 양을 안았다.

2 엄마는 (무엇이 어떠한) 목소리가 좋은 가수를 좋아한다.

3 코뿔소는 (무엇이 어떠한) 목이 긴 기린과 싸웠다.

스스로 문장 만들기

다음 낱말을 사용하여 '무엇이 어떠한'으로 꾸민 문장을 스스로 만들어 보세요.

1 나무 많다

가지 많은 나무에 바람 잘 날 없다.

2 스웨터 예쁘다

슬아는 색이 예쁜 스웨터를 입었다.

→ 정답 및 예시 답안 | 10쪽

40 41

본책 42~43쪽

기본 18일

문장 꾸미기

'무엇을 어찌한'으로 꾸미기

월 일

'무엇을 어찌한'은 사물, 동물, 사람 등을 꾸며 주어요. '무엇을 어찌한'에서 '어찌한'에는 사물, 동물, 사람이 한 일 또는 움직임을 나타내는 말을 써요.

○ 다음 문장에서 '무엇을 어찌한'으로 꾸민 부분을 살펴보세요.

우유를 마신 아이가 트림을 한다.

금메달을 딴 선수들이 웃는다.

다리를 다친 개가 앉아 있다.

물건을 훔친 도둑이 경찰에게 잡혔다.

다음 문장에서 어울리는 말을 골라 ○표 하세요.

1 민수가 ((전학을 온) ○, 전구가 깜박이는) 친구에게 인사했다.

2 유리는 (나를 만나서, (나를 만난) ○) 일을 기억한다.

3 경찰이 ((엄마를 잃어버린) ○, 비가 내린) 아이를 도와주었다.

앞말과 뒷말을 알맞게 선으로 이으세요.

무엇이	무엇을 어찌한		무엇을 어찌하다
1 연극배우가	박수를 치는	→	관객을 고마워한다.
2 의사가	주사를 맞은	→	아이를 달랬다.
3 아이들이	먹이를 먹는	→	돌고래를 본다.

보기 에서 알맞은 말을 골라 '무엇이 어찌한'으로 꾸민 문장을 완성하세요.

보기 수술을 시작한 선물을 준비한 추수를 끝낸

1 참새들이 (무엇을 어찌한) 추수를 끝낸 논밭을 날아다닌다.

2 (무엇을 어찌한) 수술을 시작한 의사가 환자를 내려다보았다.

3 나는 (무엇을 어찌한) 선물을 준비한 동생에게 고마워했다.

스스로 문장 만들기

다음 낱말을 사용하여 '무엇을 어찌한'으로 꾸민 문장을 스스로 만들어 보세요.

1 쓰레기 버리다

바닥에 쓰레기를 버린 사람이 누구일까요?

2 아빠 닮다

아빠를 닮은 사람은 동생이다.

→ 정답 및 예시 답안 | 10쪽

42 43

실전 19일

월 일

일기 / 그림일기

오늘 가장 기억에 남는 일은?

비법 그림일기는 하루에 겪은 일 중에서 가장 기억에 남는 일과 그 일에 대한 생각과 느낌을 그림과 글로 나타낸 일기예요. 겪은 일이 가장 잘 드러나는 장면을 그리고, 그 일이 무슨 일인지 이야기하듯 쓰세요.

예시

몽몽아, 산책 가자!

요즘 바쁘다는 핑계로 몽몽이와 산책을 나가지 않았다. 몽몽이는 우리 집의 하얀 털복숭이 강아지이다. 오후 4시쯤, 몽몽이한테 "산책 가자."라고 말하니까 몽몽이가 알아듣고 신이 나서 목줄을 가져왔다.

나는 할머니와 몽몽이를 데리고 집 근처 공원에 갔다. 몽몽이가 기분이 좋은지 발걸음이 엄청 빨랐다. 몽몽이는 오랜만에 동네 개들과 인사도 하고, 나무에 오줌도 누었다.

'몽몽아, 너가 즐거우니까 나도 즐거워! 그동안 산책 자주 못 시켜 줘서 미안했어. 이제 월요일, 수요일, 금요일은 꼭 산책하러 나가자.'

오늘 가장 기억에 남는 일을 떠올리고, 아래 질문에 답을 쓰세요.

1 언제 어디에서 있었던 일이에요?

오늘 점심에 햄버거 가게에서 일어난 일이다.

2 누구와 함께한 일이에요?

엄마, 아빠와 같이 있었다.

3 어떤 일이 있었나요?

햄버거를 먹고 있었는데 앞니가 빠졌다.

4 그 일의 어떤 장면을 그림으로 나타낼까요?

햄버거 가게의 테이블에서 이가 빠진 것을 확인하는 장면

'오늘 가장 기억에 남는 일은?'을 주제로 일기를 써요.

날짜	3월 22일 토요일	날씨	바람이 휭휭 불었음
제목	앞니가 빠진 날		

(그림 생략)

오늘 점심에 햄버거 가게에서 햄버거를 크게 한입 베어 물었는데! 오른쪽 앞니가 그만 툭 하고 빠졌다. 햄버거 빵에 오른쪽 앞니가 박혀 있었다. 빵에 피도 묻어 있는 것 같았는데, 아빠는 그것을 케첩이라고 우겼다. 엄마는 "우리 진이 앞니 빠진 중강새 됐네?"라며 웃었다. 나는 전혀 웃음이 나오지 않았다. 이가 다시 안 자라면 어떡하지?

그림 속 장면을
설명하듯이
써 봐!

→ 정답 및 예시 답안 | 11쪽

실전 20일

월 일

일기 / 그림일기

오늘 가장 잘한 일은?

비법 일기는 가장 기억에 남는 일을 쓰지요. 그런데 특별히 기억에 남는 일이 없다면 오늘 가장 잘한 일을 떠올려 보세요. 그리고 나의 기분을 '즐겁다, 뿌듯하다, 홀가분하다'와 같이 구체적으로 표현해 보아요.

예시

장하다, 수빈아!

오늘 오후에 피아노 학원에서 있었던 일이다. 나는 선생님 앞에서 지난주에 연습한 소나티네를 쳤다. 연습을 제대로 안 해 놔서 박자도 놓치고 막 헤맸다. 선생님께서 "수빈아, 조금 더 연습해야겠구나! 레슨 끝나고 이 곡을 10번 연습하렴."이라고 말씀하셨다.

'10번! 참 지루하겠구나.'

그렇지만 나는 중간에 농땡이 부리지 않고 아까의 곡을 10번 연습하고, 또 2번이나 더 연습했다.

장하다, 수빈아! 나는 내가 피아노를 정해진 횟수보다 더 많이 연습해서 자랑스럽다.

오늘 가장 잘한 일을 떠올리고, 아래 질문에 답을 쓰세요.

1 언제 어디에서 있었던 일이에요?

오늘 하루 종일 이곳저곳에서 많은 일이 있었다.

2 어떤 일이 있었어요?

식사도 하고, 학교와 학원도 가고, 집에 와서 바로 씻었다.

3 그 일을 왜 잘했다고 생각하나요?

불평하지 않고, 오늘 내가 할 일을 제대로 했기 때문이다.

4 잘한 일을 어떤 말로 칭찬하고 싶나요?

수고했다!

'오늘 가장 잘한 일은?'을 주제로 일기를 써요.

날짜	4월 12일 화요일	날씨	소나기가 옴
제목	수고했다, 산이야!		

(그림 생략)

오늘 나는 음식도 골고루 먹고, 학교 수업도 열심히 듣고, 학원도 잘 갔다 오고, 집에 오자마자 바로 씻었다. 아빠는 회사 가기 싫다는 말을, 엄마는 밥하기 싫다는 말을 많이 한다. 하지만 나는 불평하지 않고 내가 할 일을 제대로 다 해냈다는 점이 오늘 가장 잘한 점이다. 하하하, 수고했다. 산이야!

일기를 쓰면서
자신감이 생길
거야.

→ 정답 및 예시 답안 | 11쪽

실전 21일

일기 / 주제 일기

오늘 가장 맛있게 먹은 음식은?

비법 일기에 쓸 내용을 떠올리기 어려울 때에는 내가 쓰기 쉬운 주제를 생각해 보세요. '가장 맛있게 먹은 음식', '식사를 할 때 일어난 일' 등 특별한 일이 없는 하루에서 여러 가지 글감을 찾을 수 있어요.

예시

반짝반짝 빛나는 탕후루

학교가 끝나고, 나는 준호와 집으로 가는 길에 탕후루를 처음으로 사 먹었다.

탕후루의 종류로는 딸기, 포도, 귤, 파인애플 탕후루가 있다. 과일을 감싸고 있는 설탕 코팅의 윤기가 반드르르해서 아주 참 먹음직스럽게 생겼다. 나는 포도 탕후루를 한입에 콱 깨물었다. 우아, 맛의 신세계다! 새콤달콤한 맛이 입안에 가득 찼다.

매일매일 탕후루를 3개씩 사 먹고 싶지만 이가 썩을지도 모른다. 하루에 1개만 사 먹어야지! 그리고 자기 전에 이를 뽀득뽀득 닦아야겠다.

오늘 먹은 음식을 떠올리고, 아래 질문에 답을 쓰세요.

1 오늘 나는 어떤 음식을 먹었나요?

아침에는 볶음밥, 점심에는 돈가스, 저녁에는 된장찌개, 멸치조림, 콩나물을 먹었다.

2 가장 맛있는 음식은 무엇이었나요?

점심에 먹은 돈가스이다.

3 가장 맛있게 먹은 음식의 생김새와 맛은 어떠했나요?

크기는 큼지막하고 황금빛 튀김옷이 빛이 났다. 겉은 바삭바삭하고, 속은 촉촉했다.

4 그 음식을 누구와 먹었나요?

우리 학교 급식 메뉴로 나온 음식이라서 친구들과 먹었다.

'오늘 가장 맛있게 먹은 음식은?'을 주제로 일기를 써요.

날짜	3월 22일 금요일	날씨	맑음
제목	바삭하고 촉촉한 돈가스		

급식표를 보고 꽤 기대하며 학교에 갔다. 돈가스는 내가 제일 좋아하는 음식이기 때문이다. 평소와 달리 아주머니께 "큰 걸로 주세요!"라는 말까지 했다.

돈가스는 급식에서 나온 것이라고 믿을 수 없을 만큼 너무 맛있었다! 크기는 큼지막하고 황금빛 튀김옷이 빛이 났다. 겉은 바삭바삭하고, 속은 촉촉했다. 천천히 오래오래 먹고 싶었지만, 순식간에 사라졌다.

내일 급식도 이렇게 맛있을까? 메뉴표를 보니 우렁된장국과 시금치나물, 조기구이라고 쓰여 있다. 우리 할아버지께서 좋아할 것 같은 메뉴이다. 하지만 맛없는 음식도 먹어야 오늘처럼 맛있는 음식을 먹을 때 기쁨이 더 커질 것 같다.

난 급식 메뉴로 나온 불고기!

→ 정답 및 예시 답안 | 12쪽

실전 22일

일기 / 주제 일기

오늘 가장 기억에 남는 말은?

비법 내가 한 일, 본 일, 들은 일, 생각과 느낌뿐만 아니라 마음에 남은 말도 일기의 글감이 될 수 있지요. 오늘 가장 기억에 남는 말을 떠올려 보고, 그 말이 나온 상황, 그 말에 대한 생각이나 느낌을 솔직하게 쓰세요.

예시

나는 바보가 아니야

오늘 학교에서 받아쓰기 시험을 보았다. 받아쓰기 급수표에 있는 문장을 열심히 공부했지만 문제를 많이 틀렸다. 내 짝인 오선우가 내 시험지를 보더니 피식 웃으며 작게 재잘댔다.

"바보, 바보, 바보."

나보고 들으라는 말인지 듣지 말라는 말인지 암튼 다 들었다. 너. 화가 나서 손이 떨리고 눈물이 나올 것 같았지만, 울면 지는 것 같아서 가만히 있었다. 두고 보자, 오선우. 오늘부터 받아쓰기 문장 20개씩 공부할 계획이다. 너의 그 말이 틀렸다는 것을 증명할게.

오늘 가장 기억에 남는 말을 떠올리고, 아래 질문에 답을 쓰세요.

1 오늘 가장 기억에 남는 말은 무엇인가요?

문서연, 큰언니 같네!

2 그 말은 누가 누구에게 한 말인가요?

피아노 학원 선생님께서 나에게 한 말이다.

3 어떤 상황에서 나온 말인가요?

선생님께서 머리를 자른 나를 보며 한 말이다.

4 그 말에 대한 나의 생각이나 느낌은 어떤가요?

머리를 자르니까 나이가 더 들어 보이기는 한 것 같다.

'오늘 가장 기억에 남는 말은?'을 주제로 일기를 써요.

날짜	8월 16일 화요일	날씨	몹시 더움
제목	얼떨결에 단발머리		

오전에 엄마를 따라서 미용실에 갔다가 나까지 머리를 잘랐다. 머리를 허리까지 기르려고 했었는데, 결국은 다시 단발이 되었다.

오후에 피아노 학원에서 선생님은 나를 보며 "문서연, 큰언니 같네!"라고 말씀하셨다. 그러자 다른 방에서 피아노를 치던 유치원생 아이들이 나를 쳐다보았다. 거울을 보니까 큰언니 같은 느낌이 들기는 했다.

다른 친구들은 내 머리를 보고 뭐라고 한마디씩 할지 모르겠다. 잘 어울린다고 할까? 아니면 머리를 기르라고 할까? 아무튼 머리가 짧으니까 목이 시원한 것은 좋은 점이다.

그 말이 왜 기억에 남았을까?

→ 정답 및 예시 답안 | 12쪽

본책 58~59쪽

실전 23일

월 일

일기 / 주제 일기

20년 후, 나의 하루는?

비법 나의 하루가 모여 일 년이 되고, 일 년이 모여 나의 인생이 되지요. 일기는 짧게라도 매일 쓰는 것이 중요해요. 일기 쓰기가 지루하고 막막할 때는, 내가 오늘 상상한 내용을 일기에 써도 괜찮아요.

예시

경찰관 유시원의 하루

나는 유시원 경장이다. 경찰이 된 지 5년이 지났다. 오늘은 아침 8시에 경찰서에 출근했다. 오전에는 맡고 있는 사건들에 대한 수사 보고서를 썼다.

점심에는 금은방에서 보석을 도둑맞은 일을 신고받았다. 그래서 금은방에 직접 가서 사건을 수사했다. 금은방 주인 아저씨에게 어떤 상황이 벌어졌는지 자세히 듣고, 궁금한 점을 물어보았다. 그리고 금은방과 주변의 CCTV, 자동차의 블랙박스 영상을 가져와 오후 내내 영상을 살펴보았다. 그러다가 영상 속에서 수상한 사람을 발견했다. 다행히도 조금만 더 조사하면 범인이 잡힐 것 같다.

20년 후, 나의 하루를 상상하고, 아래 질문에 답을 쓰세요.

1 20년 후, 나는 무엇이 되었나요?

인기 유튜버가 되었다.

2 아침에는 무슨 일을 했나요?

강아지를 데리고 강변에 나가 운동을 했다.

3 점심에는 무슨 일을 했나요?

우리 시의 시장님을 인터뷰했다.

4 저녁에는 무슨 일을 했나요?

라이브 방송을 했다. 아이들의 질문에 하나하나 답을 해 주었다.

58

'20년 후, 나의 하루는?'을 주제로 일기를 써요.

날짜	6월 11일 목요일	날씨	흰 구름이 둥둥
제목	28살 유튜버의 하루		

나는 구독자가 100만 명이나 되는 인기 유튜버이다. 어린이를 대상으로 한 방송을 만들고 있다.

나는 아침에 운동을 꼭 한다. 오늘도 골든 리트리버 강아지를 데리고 강변을 한 바퀴 뛰고 왔다. 개인 방송을 하려면 아는 것도 많아야 하지만, 건강 관리도 중요하기 때문이다.

점심에는 우리 시의 시장님을 인터뷰했다. 구독자들이 시청 홈페이지에 내 방송에 시장님이 출연했으면 좋겠다는 글을 많이 올렸다. 그래서 시청에서 나에게 연락을 하여 내가 시장님을 인터뷰하게 되었다.

저녁에는 라이브 방송을 했다! 오늘도 어린이들이 질문을 많이 했다. 나는 항상 친절하게 대답을 하려고 노력한다.

어떤 사람이 되고 싶은지 생각해 봐.

→ 정답 및 예시 답안 | 13쪽

59

본책 60~61쪽

실전 24일

월 일

일기 / 독서 일기

이야기책을 읽은 감상은?

비법 오늘 또는 최근에 읽은 이야기책의 줄거리, 그 책에 대한 나의 느낌이나 생각(감상)을 일기에 써 보세요. 이야기의 줄거리를 다 쓰지 않고 가장 인상 깊은 장면만 소개해도 괜찮아요.

예시

토끼와 거북이

나는 요즘에 『이솝 우화』를 읽고 있다. 『이솝 우화』는 동물을 주인공으로 한 이야기들이 많이 실려 있다. 그중에서 오늘은 '토끼와 거북이' 이야기를 읽었다.

토끼와 거북이가 달리기 경주를 했다. 토끼가 거북이보다 빠른 것은 누구라도 아는 사실이다. 토끼는 결승점에 닿기 전에 지루해져서 낮잠을 잤다. 거북이는 낮잠 자는 토끼를 지나서 열심히 결승점까지 기어갔다. 결국 거북이가 달리기 경주에서 토끼를 이겼다. 토끼는 대체 낮잠을 얼마나 잤던 걸까? 아무리 쉬워 보이는 일이라도 정신을 똑바로 차리고 해야 할 일을 묵묵히 해내야 한다는 교훈을 얻었다.

오늘 또는 최근에 읽은 이야기책을 떠올리고, 아래 질문에 답을 쓰세요.

1 책 또는 이야기의 제목은 무엇인가요?

『피노키오』

2 이야기의 주인공은 누구인가요?

나무로 만든 인형, 피노키오이다.

3 이야기의 줄거리는 무엇인가요?

말썽쟁이 피노키오가 사기꾼들의 꾐에 빠져서 집을 떠나 여러 가지 일을 겪는 이야기이다.

4 이야기에 대한 느낌이나 생각은 어떠한가요?

자신을 아끼는 할아버지를 생각하지도 않고 말썽만 부리는 피노키오가 답답하다.

60

'이야기책의 줄거리와 나의 감상'을 주제로 일기를 써요.

날짜	9월 1일 일요일	날씨	바람이 시원함
제목	피노키오야, 정신 차려!		

이탈리아의 작가 카를로 콜로디가 쓴 『피노키오』를 읽었다. 피노키오는 목수 제페토 할아버지가 만든 나무 인형이다. 피노키오는 거짓말을 하면 코가 길어진다. 제페토 할아버지는 이 말썽쟁이 피노키오를 아주 아꼈다.

그런데 피노키오는 여우와 고양이의 꾐에 빠져서 놀이 천국으로 떠나게 된다. 피노키오는 왜 바보처럼 사기꾼들을 따라갔을까? 나는 피노키오가 이해가 되지 않는다. 놀이 천국이라는 말은 멋지기는 하다. 그런데 이 세상에 그런 곳이 있을 리가 없지 않나? 아무리 그런 곳이 있다고 해도, 나는 제페토 할아버지에게 거짓말을 하고 집을 나가지는 않을 것 같다.

피노키오가 집을 떠나 어떻게 지낼지 궁금하다. 나머지 부분은 내일 더 읽어 볼 예정이다.

독서 일기를 쓰면 감상이 오래 기억될 거야.

→ 정답 및 예시 답안 | 13쪽

61

본책 62~63쪽

실전 25일

일기 / 독서 일기

지식책에서 얻은 지식은?

월 일

비법 오늘 또는 최근에 읽은 지식책에서 새롭게 알게 된 점을 일기에 써 보세요. 일기에 지식책의 내용을 요약하여 정리하고, 아쉬웠던 점이나 더 알고 싶은 점도 쓰세요. 또 이 책을 추천할 만한지 평가해 보세요.

예시

재미있고 유익한 『과학 이야기』

『과학 이야기』는 사람, 동물, 자연, 우주에 관한 궁금증을 쉽게 설명하는 책이다. 이 중에서 가장 재미있게 읽은 부분은 '아기가 엄마의 뱃속에서 하는 일'이다. 아기는 엄마의 뱃속에서 '양수'라고 하는 물에 둥둥 떠 있다고 한다. 아기는 신기하게도 양수에 둥둥 떠서 잠을 자기도 하고, 움직이기도 한다. 그리고 엄마와 아기는 '탯줄'이라는 줄로 이어져서 아기가 엄마로부터 공기와 영양분을 받아들일 수 있다. 또 아기는 배 밖에서 나는 여러 가지 소리도 듣는다. 이 부분을 읽고 '아기들은 태어나면 바로 수영을 할 수 있을까?'라는 궁금증이 생겼다. 이에 대한 답을 얻기 위해 내일 선생님께 질문드려야겠다.

지식책을 읽고 새롭게 알게 된 점을 떠올리고, 아래 질문에 답을 쓰세요.

1 책의 제목은 무엇인가요?

『알고 싶어요, 우리나라 궁궐』

2 어떤 내용을 설명하는 책인가요?

조선 시대의 궁궐에 얽힌 여러 사실을 설명하는 책이다.

3 새롭게 알게 된 점은 무엇인가요?

궁궐에는 동물을 나타내는 조각상이 많다.

4 그 책은 다른 사람에게 추천할 만한가요?

이 책은 유익한 내용을 재미있게 소개하고 있다. 그래서 친구들에게 추천할 만하다.

'지식책을 읽고 새롭게 알게 된 점'을 주제로 일기를 써요.

날짜	10월 23일 일요일	날씨	맑음
제목	『알고 싶어요, 우리나라 궁궐』을 읽고 나서		

『알고 싶어요, 우리나라 궁궐』은 조선 시대의 궁녀가 서울의 궁궐 곳곳을 소개하는 형식으로 쓰인 책이다. 경복궁, 덕수궁, 경희궁, 창경궁에 얽힌 여러 사실을 알 수 있다.

이 책에서 알게 된 사실 중에서 한 가지를 소개하면 다음과 같다. 궁궐의 지붕 끝에는 작은 토우들이 앉아 있는데, 그들 중에 삼장법사와 손오공, 저팔계가 있다는 사실이다! 지금까지 궁궐을 열 번 정도 가 봤는데, 거기에 손오공이 앉아 있을 줄은 몰랐다.

다음번에 궁궐에 가면, 궁궐의 지붕 끝을 살펴봐야겠다. 이 책은 유익한 내용을 재미있게 소개하고 있어서 친구들에게 이 책을 추천하고 싶다.

→ 정답 및 예시 답안 | 14쪽

본책 64~65쪽

실전 26일

일기 / 감사 일기

오늘 가장 고마운 일은?

월 일

비법 오늘 내가 만난 사람들을 떠올려 보세요. 나에게 도움을 준 사람, 기쁨을 준 사람, 감동을 준 사람 등을 찾아보세요. 그중에서 오늘 내가 가장 고마워하는 사람을 고르고, 어떤 일이 있었는지 쓰세요.

예시

고마워, 이지우!

오늘 평생 비밀로 간직해야 할 일이 생겼다. 학교가 끝나고 집에 가는데 갑자기 화장실이 너무 가고 싶었다. 지우랑 집에 가는 길이었는데, 지우 앞에서 오줌을 싸면 어떡하나 긴장했다. 땀이 삐질삐질 났다. 근처에 화장실이 있을 만한 곳을 찾아 계속 두리번거렸다. 화장실이 저기 보였다. 그런데 그만……. 바지에 오줌을 싸고 말았다. 창피해서 눈물만 계속 나오고 아무 말도 못했다. 지우가 말했다.

"야, 괜찮아. 내가 평생 비밀로 할게. 빨리 집에 가자."

엉엉 울면서 집까지 간신히 왔다. 고마워, 이지우! 비밀 꼭 지켜 줘.

오늘 가장 고마운 일을 떠올리고, 아래 질문에 답을 쓰세요.

1 내가 고맙다고 느낀 사람은 누구인가요?

엄마이다.

2 고마운 일은 무엇인가요?

오늘 오후에 같이 축구를 한 일이다.

3 고맙다고 느낀 사람에게 전하고 싶은 말이 있나요?

엄마, 고맙습니다. 저 때문에 땡볕에서 힘드셨을 텐데 죄송해요.

4 나는 앞으로 그 사람을 어떻게 대할 생각인가요?

앞으로 엄마께서 하시는 일을 도와드릴 생각이다.

'오늘 가장 고마운 일은?'을 주제로 일기를 써요.

날짜	9월 11일 토요일	날씨	햇볕이 쨍쨍
제목	감사해요, 엄마!		

친구들이랑 축구를 하기로 했는데, 약속한 시간을 잘못 기억해서 운동장에는 나와 엄마만 덩그러니 있었다. "그럼 엄마랑 축구할까?" 시무룩한 표정의 나를 보고 엄마께서 축구공을 내 쪽으로 찼다. 나는 오늘 골인을 세 번이나 성공할 정도로 바쁘게 뛰어다녔다.

집에 와서 보니 엄마의 엄지발톱이 멍들어 있었다. 엄마는 축구화도 안 신고 축구를 했기 때문이다. 엄마의 티셔츠가 땀으로 젖어 있었고, 머리카락도 이마에 딱 붙어 있었다. 엄마께 고맙고 또 미안했다.

나도 엄마께 고마운 일을 많이 하고 싶다. 내일부터라도 엄마께서 저녁 식사를 준비할 때 도와드려야겠다.

→ 정답 및 예시 답안 | 14쪽

실전 27일

월 일

일기 / 관찰 일기

자세히 관찰해서 정확하게 설명해요

비법 내 주변에서 자주 보는 물건, 사람, 장소 등을 자세히 살펴보고 관찰 일기를 쓸 수 있어요. 관찰 일기를 쓸 때에는 '검정색 선이 있는'과 같이 구체적인 표현이나 '3일', '5cm' 등 정확한 표현을 사용하는 것이 좋아요.

예시

할아버지의 하루

할아버지께서는 아침 6시 30분쯤 일어나셨다. 할아버지께서는 오늘도 아침을 드시고, 테니스를 하러 우리 동 복지 센터에 가셨다. 나도 학교에 가느라 오전부터 오후 2시 40분까지는 할아버지를 관찰하지 못했다. 학교가 끝나고 할아버지께서 나를 데리러 오셨다. 집에 가면서 나에게 학교에서 일어난 일을 물어보셨다. 오후에 할아버지는 집에서 내가 숙제를 하는 동안 낮잠을 주무시고, 책도 읽으셨다. 엄마, 아빠가 돌아오자 함께 저녁을 먹었다. 저녁을 드시고는 텔레비전으로 뉴스와 주말 연속극을 보셨다. 그리고 "아이고, 졸리구나." 하시면서 9시 20분쯤 주무시러 방으로 들어가셨다.

자세히 관찰한 일을 떠올리고, 아래 질문에 답을 쓰세요.

1 무엇을 자세히 관찰했나요?

물이 든 유리컵 속의 아보카도 씨

2 관찰하려고 생각한 까닭은 무엇인가요?

명란아보카도덮밥을 먹고 아보카도 씨를 심으면 싹이 날지 궁금했다.

3 언제 어떠한 방법으로 관찰했나요?

식탁에 아보카드 씨를 넣은 유리컵을 두고 매일 관찰했다.

4 관찰 대상에게 어떤 말을 하고 싶나요?

아보카도야, 쑥쑥 자라라.

'자세히 관찰한 것'을 주제로 일기를 써요.

날짜	6월 13일 수요일	날씨	맑음
제목	아보카도 씨가 쩍 벌어진 날		

한 달 전쯤, 엄마랑 아보카도를 사서 명란아보카도덮밥을 만들어 먹었다. 나는 아보카도를 심으면 싹이 날지 궁금했다. 그래서 아보카도의 싹을 틔우는 방법과 관련된 동영상을 찾아보고, 동영상에서 설명한 방법을 따라 해 보았다.

물에 몇 시간 정도 씨를 불렸다가 살살 갈색 껍질을 까니, 아보카도 씨가 흰색이 되었다. 아보카도 씨는 뽀얗고 깨끗하고 동그랗고 예뻤다. 약간 뾰족한 부분이 물 위로 나와야 아보카도 씨가 숨을 쉴 수 있다고 했다. 작은 유리컵에 물을 넣고, 씨를 이쑤시개로 고정하니까 꼭 들어맞았다.

유리컵을 식탁 위에 올려놓고 매일 살펴봤다. 어제까지는 그냥 울퉁불퉁한 알 같았다. 그런데 오늘! 꼭 지진이 난 것처럼 세로로 쩍 갈라진 것이다.

가까이 있는 물건을 관찰해도 좋아.

→ 정답 및 예시 답안 | 15쪽

실전 28일

월 일

일기 / 영화 감상 일기

영화를 감상한 소감은?

비법 영화에서는 인물의 말과 행동, 배경이 되는 시간과 장소가 영상으로 표현되어요. 줄거리뿐만 아니라 영화의 분위기, 색감, 음악 등도 살펴보세요. 그리고 흥미진진했던 부분이나 지루했던 부분을 평가해 보세요.

예시

바닷속 이야기

내가 제일 좋아하는 만화영화 『인어 공주』를 오늘도 보았다. 주인공 에리얼은 인어 왕국 아틀란티카의 막내 공주이다. 우연히 바다에 빠진 에릭 왕자를 구하고, 에리얼은 에릭에게 한눈에 반한다. 인간이 되고 싶던 에리얼은 마녀 우르슬라와 계약하여 인간이 된다. 그런데 목소리를 잃었기 때문에 에릭은 자신을 구해 준 이가 에리얼이라는 것을 알 수 없었다. 마녀의 온갖 방해에도 불구하고, 서로 사랑하는 에릭과 에리얼은 마침내 결혼한다. 나는 자신이 원하는 일을 하는 에리얼의 용감한 모습에 감동받았다. 그리고 경쾌한 노래에 맞추어 춤을 추는 바닷속 동물들이 귀여웠다. 누구라도 이 영화를 보면 후회하지 않을 것이다.

영화를 감상한 일을 떠올리고, 아래 질문에 답을 쓰세요.

1 영화의 제목은 무엇인가요?

『알라딘』

2 주인공이 어떤 일을 겪는 영화인가요?

소원을 들어주는 램프의 요정을 만나 어려운 일을 극복하는 영화이다.

3 어떤 부분이 가장 흥미진진했나요?

양탄자를 타고 알라딘과 재스민 공주가 노래할 때 가장 흥미진진했다.

4 그 영화는 다른 사람에게 추천할 만한가요?

다른 사람에게 추천할 만하다. 인물들이 양탄자를 타고 다닐 때 나도 날아다니는 것 같기 때문이다.

'영화를 감상한 소감'을 주제로 일기를 써요.

날짜	9월 8일 금요일	날씨	비가 주룩주룩 옴
제목	영화 『알라딘』을 본 날		

학교에서 체험학습으로 다 같이 영화를 보고 왔다. 영화 제목은 『알라딘』!

『알라딘』은 동화책으로 읽어서 줄거리는 거의 알고 있었다. 그런데 영화관의 큰 화면으로 영화를 감상하니까 가슴이 두근두근했다. 특히 양탄자를 타고 알라딘과 재스민 공주가 노래할 때 신이 나서 주먹을 꽉 쥐었다.

나에게도 하늘을 나는 양탄자가 있어서 온 세상을 다 구경하고 다니면 얼마나 좋을까? 알라딘은 내가 읽은 책 주인공 중에서 가장 운이 좋은 것 같다. 우리나라 전래 동화에서 알라딘처럼 운이 좋은 주인공은 흥부이다. 둘의 공통점은 마음씨가 착하다는 점이다. 나도 언젠가 알라딘과 흥부처럼 커다란 행운이 생기면 좋겠다.

내가 영화 속 인물이라면 어떻게 행동했을까?

→ 정답 및 예시 답안 | 15쪽

실전 29일

월 일

편지 / 부모님

부모님, 사랑해요!

비법 편지는 보통 '편지를 받는 사람의 안부를 묻는 첫인사 - 전달하고자 하는 내용 - 편지를 마무리하는 끝인사 - 편지를 쓴 날짜와 보내는 사람의 이름'의 순서대로 써요.

예시

부모님께

엄마, 아빠 요즘 기분이 어떠세요? 저는 엄마와 아빠의 소중한 아들 진우예요. 매일 뵙는데도 편지로 말씀을 전하려니까 쑥스럽네요. 이렇게 편지를 드리는 이유는 공손하게 부탁드릴 일이 있기 때문이에요.

엄마, 아빠, 어제와 그저께 저녁에 말다툼을 하셨지요? 제가 듣기에는 별로 크지 않은 일이었는데, 감정이 상하셨는지 목소리가 점점 높아졌어요. 우리 가족, 이제 서로 양보하며 웃으면서 대화해요.

그럼 이만 줄일게요. 답장은 책상 위에 놓아 주세요.

2000년 0월 0일. 사랑하는 아들 진우 올림.

부모님께 전하고 싶은 말을 떠올리고, 아래 질문에 답을 쓰세요.

1 첫인사는 어떻게 쓸까요?

인사를 하고, 편지를 쓰는 사람이 나라는 것을 알린다.

2 편지를 쓰는 이유는 무엇인가요?

결혼기념일을 축하드리기 위해서이다.

3 끝인사는 어떻게 쓸까요?

결혼기념일을 축하드린다는 점을 다시 한 번 밝힌다.

4 답장을 어떻게 받고 싶은가요?

답장을 받지 않아도 괜찮다. 편지를 받고 엄마, 아빠께서 감동받는 것에 만족한다.

부모님께 전하고 싶은 말을 편지로 써요.

사랑하는 부모님께

엄마! 아빠! 안녕하세요? 두 분의 사랑스러운 딸 나희예요.

오늘 이렇게 편지를 쓰는 까닭은 두 분의 결혼기념일을 축하드리기 위해서예요. 지금으로부터 10년 전에 두 분이 결혼을 하셨지요? 결혼을 축하드리고, 지금까지 우리 집을 행복하게 만들어 주셔서 감사하다는 말씀을 드리고 싶어요.

결혼사진을 보면 엄마와 아빠 둘 다 무척 예쁘고 멋있어 보여요. 앞으로도 지금처럼 사이좋게 지내시기를 바라요. 저도 엄마, 아빠 말씀 잘 들을게요!

그럼, 결혼기념일을 다시 한 번 축하드리며 편지를 이만 마칠게요. 안녕히 계세요!

20○○년 7월 23일

엄마 아빠의 딸, 나희 올림

편지로 그동안 못했던 말을 해 봐.

→ 정답 및 예시 답안 | 16쪽

실전 30일

월 일

편지 / 선생님

선생님, 드릴 말씀이 있어요!

비법 내가 만난 선생님들을 떠올려 보세요. 선생님과 어떤 일이 있었나요? 그때 나의 감정은 어떠했나요? 안부와 그리움을 전하는 내용, 추억을 떠올리는 내용, 의견을 전하는 내용으로 편지를 쓸 수 있어요.

예시

선생님께

선생님, 저는 하민이에요.

저는 2학기 때 전학 와서 모든 것이 낯설고 학교에 가기가 무서웠어요. 그런데 선생님께서 항상 따뜻하게 먼저 말을 걸어 주시고, 궁금한 것들을 친절하게 알려 주셨어요. 그래서 제가 이 학교에 빨리 적응하게 된 것 같아요. 이제 친구들도 많아졌고, 자신감이 생겼어요.

선생님, 고맙습니다! 선생님의 사랑을 항상 잊지 않을게요.

2000년 0월 0일. 이하민 올림.

선생님께 전하고 싶은 말을 떠올리고, 아래 질문에 답을 쓰세요.

1 선생님의 이름은 무엇인가요?

박미연 선생님이다.

2 언제 만난 선생님인가요?

유치원에 다닐 때 만난 선생님이다.

3 나는 선생님께 어떤 제자였나요?

나는 부끄러움이 많은 제자였다.

4 편지를 쓰는 이유는 무엇인가요?

재미있는 추억을 많이 만들어 주셔서 감사드리고, 나의 안부를 알려 드리기 위해서이다.

선생님께 전하고 싶은 말을 편지로 써요.

박미연 선생님께

선생님, 안녕하세요? 저는 하늘 유치원 바다반 제자 상호예요. 초등학교 1학년이 된 지도 벌써 한 학기나 지났어요. 요즘에도 동생들을 가르치시느라 고생이 많으시지요?

제가 1학년이 되어 생각해 보니, 유치원 때 정말 재미있는 일이 많았어요. 감사드려요, 선생님!

선생님, 제가 1학년 2학기 반장으로 뽑혔다는 소식도 전해 드려요. 유치원에서 발표할 때는 쑥스러웠는데, 그때의 경험이 도움이 되었는지 지금은 발표를 할 때 떨지 않아요.

선생님, 조만간 찾아뵐게요. 안녕히 계세요!

20○○년 9월 10일

듬직한 제자 문상호 올림

선생님께서 어떻게 대해 주셨니?

→ 정답 및 예시 답안 | 16쪽

실전 31일

월 일

편지 / 친구

친구야, 솔직하게 말할게!

비법 친구끼리는 부모님께 하지 못할 말도 서로 털어놓곤 하지요. 그런데 친구와 사이가 좋을 때도 있지만 서운하거나 짜증이 날 때도 있어요. 때로는 싸우기도 하지요. 친구에게 하고 싶은 말을 솔직하게 글로 표현해 보세요.

예시

사랑하는 친구 아인이에게

아인아, 나는 기준이야. 갑자기 편지를 받아서 많이 놀랐겠다. 너에게 조심스럽게 할 말이 있어. 직접 얼굴을 보며 말하는 것은 쑥스러워서 편지를 썼어.

우리는 유치원 때부터 지금까지 항상 붙어 다녔지. 너는 언제나 나를 잘 대해 주었어. 그런데 어제 축구 경기가 끝났을 때 너한테 말을 함부로 해서 참 미안해. 아인아, 나를 용서해 줘.

부디 서운한 맘을 풀길 바라며 편지를 마칠게. 내일 또 보자. 안녕!

2○○○년 ○월 ○일. 기준이가.

친구에게 전하고 싶은 말을 떠올리고, 아래 질문에 답을 쓰세요.

1 친구의 이름은 무엇인가요?

친구의 이름은 여슬인이다.

2 언제부터 알게 된 친구인가요?

5살 때부터 알게 된 친구이다.

3 친구와 무엇을 하며 놀았나요?

놀이터에서 놀이기구를 타며 놀기도 하고, 집에서 장난감을 갖고 놀기도 했다.

4 편지를 쓰는 이유는 무엇인가요?

친구가 어떻게 지내는지 궁금하고, 방학 때 우리 집에 놀러 오라고 말하기 위해서이다.

친구에게 전하고 싶은 말을 편지로 써요.

내 친구 여슬인에게

슬인아, 잘 지내니? 나는 홍주형이야.

나를 벌써 잊은 거 아니지? 동네에서 같이 매일 놀다가 네가 일본으로 떠나서 나는 참 허전하구나.

일본에서 친구들은 많이 사귀었니? 친구를 많이 사귀었으면 좋겠다. 그렇지만 인라인 스케이트를 가르쳐 준 나, 홍주형을 잊으면 안 된다!

참, 이번 방학에 한국에 오니? 우리 집에 꼭 놀러 와. 유치원 때처럼 집에서 잠옷 파티 하자.

그럼, 안녕! 또 만나! 이 편지 간직하고 답장도 보내 줘.

20○○년 11월 3일

한국에 있는 친구, 주형이가

직접 전하기 어려운 말을 써도 괜찮아.

→ 정답 및 예시 답안 | 17쪽

실전 32일

월 일

편지 / 책 속 인물

너에게 전할 말이 있어!

비법 책 속 인물에게 안부 인사를 건네 보세요. 책을 읽으면서 궁금했던 일, 사건의 뒷이야기, 새로운 소식을 물어볼 수도 있어요. 또는 공감이나 위로의 말을 건네거나 자신의 의견을 전달할 수도 있지요.

예시

하늘에 있는 넬로에게

넬로야, 나는 한국에 사는 도연이야. 하늘에서 어떻게 지내니?

네가 파트라슈와 함께 성당에서 영원히 잠든 장면을 읽었을 때 소리 내어 펑펑 울었어. 마을 사람들도 슬퍼하고 자신들의 행동을 뉘우쳤지. 넬로야, 파트라슈와 천국에서 맛있는 음식도 먹고, 멋진 집에서 걱정 없이 지냈으면 좋겠어.

언젠가 우리가 만날 때는 네가 그린 그림도 보여 줘. 항상 행복하길 바란다, 넬로야!

2○○○년 ○월 ○일. 도연이가 씀.

책 속 인물에게 하고 싶은 말을 떠올리고, 아래 질문에 답을 쓰세요.

1 책의 제목은 무엇인가요?

『안중근』

2 어떤 인물인가요?

독립운동가 안중근이다.

3 그 인물은 무슨 일을 했나요?

학교를 세워 교육에 힘쓰고 독립운동을 했다. 일본의 총감 이토 히로부미를 총을 쏜 일로 유명하다.

4 그 인물에게 하고 싶은 말은 무엇인가요?

안중근 선생님이 자랑스럽고, 나도 멋진 어른이 되고 싶다는 말을 전하고 싶다.

책 속 인물에게 전하고 싶은 말을 편지로 써요.

안중근 선생님께

안녕하세요? 저는 문일 초등학교 1학년 3반 제갈훈입니다.

안중근 선생님의 일생을 그린 위인전을 읽고, 이렇게 편지를 씁니다. 저는 선생님께 무척 감사드립니다. 왜냐하면 우리나라에 이완용 같은 매국노만 있는 것이 아니라 선생님 같은 분이 계셨다는 것이 자랑스럽기 때문입니다.

선생님과 같은 독립운동가들의 희생 덕분에 저희 후손들은 당당한 대한민국에서 살고 있습니다. 저도 선생님처럼 정의롭게 살고 싶습니다.

하늘나라에서 지켜봐 주세요. 안녕히 계세요.

20○○년 12월 9일

후손 제갈훈 올림

인물의 속마음은 어땠는지 궁금해.

→ 정답 및 예시 답안 | 17쪽

실전 33일

월 일

편지 / 아끼는 대상

항상 내 곁에 있어 줄래?

비법 내가 아끼는 동물, 식물, 물건, 장소 등을 떠올려 보세요. 옛날의 추억 속에서 내가 아끼던 대상을 떠올려 보는 것도 좋아요. 내가 아끼는 대상이 나를 지켜보며 어떤 생각과 감정이 들었을지도 상상해 보세요.

예시

세상에서 제일 예쁜 인형, 세라에게

세라야, 나는 하은이야. 세상에서 너를 가장 좋아하는 사람이지.

너는 눈을 깜박일 때마다 참 예뻤어. 유치원 때, 나는 너의 머리를 곱게 빗겨 주고, 화려한 옷도 많이 입혀 줬어. 그런데 내가 초등학생이 되어서 바빠지니까 너와 자주 놀아 주지 못했어. 나를 원망하는 마음이 많이 들었을 거야. 미안해, 세라야. 세라야, 그래도 너는 항상 내 마음속 1등이야.

세라야, 항상 그 자리에 있어 줘. 사랑해!

2000년 0월 0일. 하은이 올림.

아끼는 대상에게 하고 싶은 말을 떠올리고, 아래 질문에 답을 쓰세요.

1 내가 아끼는 대상은 무엇인가요?

마블 선인장이다.

2 그 대상을 고른 이유는 무엇인가요?

혼날 때 마블 선인장을 보면 위로받는 기분이 들기 때문이다.

3 그 대상은 나를 어떻게 생각할까요?

나를 안쓰럽게 생각할 것 같다.

4 그 대상과 나는 어떤 추억이 있나요?

우리는 서로 책상에서 지켜보고 마음으로 대화한다.

아끼는 대상에게 하고 싶은 말을 편지로 써요.

마블 선인장, 마블이에게

마블아, 안녕? 나는 너에게 한 달에 한 번 물을 주는 사람, 정다정이야.

나는 종종 성격이 뾰족하고 까탈스럽다는 이유로 엄마, 아빠한테 혼날 때가 있어. 그럴 때마다 '내 몸에 뾰족뾰족 가시가 있나? 내가 하는 말이 화살처럼 다른 사람들에게 상처를 주나?'라는 생각을 하곤 해.

그런 다음에 나는 책상에 앉아서 너를 쳐다보거든. 그러면 약간 마음이 누그러들어. 내가 너를 안아 줄 수는 없어도, 너를 좋아한다는 것은 알아줘.

고맙다, 마블아. 내 책상 위에서 항상 초록빛으로 있어 줘.

20○○년 5월 23일

너를 자주 쳐다보는 다정이가

나를 지켜보며 무슨 말을 하고 싶었을까?

→ 정답 및 예시 답안 | 18쪽

실전 34일

월 일

편지 / 10년 후의 나

10년 후, 과연 나의 모습은?

비법 나에게는 무슨 꿈이 있나요? 나는 무엇이 되고 싶나요? 10년 후의 나는 아직 어른이 되기 전의 모습일 수도 있어요. 지금의 내가 10년 후의 나에게 궁금한 점, 당부하고 싶은 점을 글로 전해 보아요.

예시

10년 후, 멋진 나에게

준영아, 어떻게 지내고 있니? 내가 누군지 맞혀 보렴. 바로, 10년 전의 너야. 하하하.

당연히 내가 확인하지 않아도 축구 연습은 잘하고 있겠지? 20년 뒤에는 프로 축구 선수가 되어 유럽 리그에서 뛰어야 되니까 말이야. 지금 어떤 고등학교에 다니는지 궁금하다. 축구를 오랫동안 해 오면서 그동안 어려운 일은 얼마나 많았니?

비록 힘든 일도 많았겠지만 늘 그랬던 것처럼 헤쳐 나가길 바란다. 안녕, 나중에 보자.

2000년 0월 0일. 준영이가.

10년 후의 나에게 하고 싶은 말을 떠올리고, 아래 질문에 답을 쓰세요.

1 10년 후의 나는 몇 살, 몇 학년인가요?

17살, 고등학교 2학년

2 10년 후, 나의 관심사는 무엇일까요?

컴퓨터 프로그램 코딩에 관심 있을 것이다.

3 10년 후, 나를 힘들게 하는 것은 무엇일까요?

학교에서 공부해야 할 과목이 많아서 힘들 것 같다.

4 10년 후, 나에게 당부하고 싶은 말은 무엇일까요?

공부를 열심히 해야 하고, 특히 수학 공부를 잘해야 한다는 말을 당부하고 싶다.

10년 후 나에게 하고 싶은 말을 편지로 써요.

18살의 김서우에게

안녕? 나는 7살의 서우야. 너는 17살이니? 나이가 많구나!

동네에 다니는 고등학생 형들을 보면 거친 말과 행동을 하는 경우가 있는데, 너는 안 그랬으면 좋겠다. 그럼 성지현 같은 여자애들이 너를 싫어할 수도 있어.

컴퓨터 프로그램 코딩 실력은 좀 어떠니? 관심사가 그대로 이어진다면 아마 그때쯤 해커가 될 만한 실력일 텐데 말이야.

그리고 이 말을 하면 네가 웃을 수 있는데, 대학교에서 컴퓨터를 전공으로 하려면 공부를 좀 열심히 하기를 바란다. 특히 수학을 잘해야 된다는 걸 명심해.

그럼, 고등학교 생활 잘하길 바란다.

20○○년 6월 15일

10년 전의 서우가

나는 고등학교에 다니고 있을 거야.

→ 정답 및 예시 답안 | 18쪽

실전 35일

초대장 / 생일 파티

생일 파티에 초대합니다

월 일

비법 초대장은 다른 사람들에게 어떤 모임이나 행사에 오기를 요청하거나 불러서 대접하겠다는 뜻을 담은 글이에요. 초대하는 목적, 날짜, 시간, 장소, 행사의 내용을 쉽게 알아볼 수 있도록 써야 해요.

예시

생일 파티 초대장

친구야, 안녕? 나, 김태이의 생일에 초대할게.
맛있는 케이크와 간식을 대접할게. 부모님께 여쭤보고 답을 해 줘.

- 날짜와 시간: ○월 ○일 (토) 오후 1:00~3:00
- 장소: 태이의 집(○○ 아파트 102동 503호)

생일 파티 초대장에 쓸 내용을 떠올리고, 아래 질문에 답을 쓰세요.

1 초대하고 싶은 사람들은 누구누구인가요?

나의 생일을 축하하는 친구 모두를 초대하고 싶다.

2 초대장에서 반드시 알려 주어야 할 내용은 무엇인가요?

생일 파티 날짜와 시간, 장소, 드레스 코드 등이다.

3 파티에 오는 사람은 무엇을 준비해야 하나요?

선물을 가져와도 좋지만, 선물을 가져오지 않아도 좋다.

4 생일 파티 초대장에는 어떤 그림을 그리면 좋을까요?

케이크와 맛있는 음식들, 드레스 코드를 맞춘 친구들과 나를 그리겠다.

생일 파티 초대장을 써요.

제목 서영이네 생일 파티 초대장

7월 6일은 서영이 생일!
즐거운 생일 파티에 친구들을 초대합니다.
파티에서 다 같이 즐겁게 놀 수 있도록 다양한 게임을 준비했어요. 서영이의 일곱 번째 생일을 맞이하여 서영이의 어머니께서 요리 실력도 뽐낼 예정입니다.

*때: 7월 6일 (토) 오후 3:00~6:00
*장소: 서영이네 집 (뒷장의 지도를 참고할 것)
*드레스 코드: 리본
(예) 리본 머리띠, 리본 핀, 리본 장식 치마, 리본 블라우스, 리본이 있는 가방 등

초대장을 그림으로 예쁘게 꾸며 봐.

→ 정답 및 예시 답안 | 19쪽

실전 36일

초대장 / 전시회

전시회에 초대합니다

월 일

비법 전시회에는 내가 잘 모르는 사람들도 많이 온답니다. 그렇기 때문에 전시회 초대장은 생일 파티 초대장보다 좀 더 예의를 갖추어 전시회의 목적이나 성격 등을 설명해야 해요.

예시

우주에서 온 초대장

○○ 초등학교 우주 연구반은 해, 달, 별 등의 사진 전시뿐만 아니라
야광 별자리판과 옥걸이 제작 행사를 준비했습니다. 오셔서 자리를 빛내 주세요.

- 일시: 6월 3일 금요일 오후 6:00~8:00
- 장소: ○○ 초등학교 과학실, 옥상

전시회 초대장에 쓸 내용을 떠올리고, 아래 질문에 답을 쓰세요.

1 어떤 전시회인가요?

우리 학년 친구들의 작품을 전시하는 전시회이다.

2 전시회에 누가 올까요?

우리 반 친구들과 친구들의 가족이 올 것이다.

3 인사말을 어떻게 표현할까요?

"안녕하세요?" 뒤에는 계절과 관련된 말을 넣겠다.

4 초대장에 꼭 넣어야 할 내용은 무엇인가요?

전시회가 열리는 목적, 전시회에 진열하는 작품의 종류, 전시회의 때와 장소이다.

전시회 초대장을 써요.

제목 '우리들 솜씨전' 초대장

안녕하세요? 단풍이 곱게 물든 가을입니다.
여러분을 1학년 아이들의 작품을 선보이는 '우리들 솜씨전'에 초대합니다.
우리들은 어느덧 1학년 가을을 보내고 있지요. 그동안 창작한 동시, 색칠한 그림, 만든 공예품 등을 나래 초등학교 강당에 전시합니다.
전시장에는 작품을 감상하면서 즐길 수 있는 시원한 레몬주스를 마련했어요.
부디 오셔서 우리를 격려하고 칭찬해 주세요.

*때: 10월 27일 오전 10:00~오후 5:00
*장소: 나래 초등학교 강당

전시회 장소를 지도로 알려 줄까?

→ 정답 및 예시 답안 | 19쪽

실전 37일

월 일

안내문 / 엘리베이터 수리

엘리베이터는 수리 중!

비법 안내문은 사람들에게 어떤 내용을 소개하여 알려 주는 글이에요. 알리고자 하는 내용을 정확하고 간결하게 써야 해요. 엘리베이터를 사용하던 사람들이 꼭 알아야 하는 내용을 엘리베이터 수리 안내문에 쓰세요.

예시

엘리베이터 점검 및 수리 안내

안녕하세요? 엘리베이터 층수를 알리는 LED 화면에 문제가 생겼습니다. 이에 따라 엘리베이터 점검 및 수리가 6월 12일 오전 9시부터 오후 2시까지 진행될 예정입니다. 점검 및 수리 시간은 약간 늘어나거나 줄어들 수 있습니다. 불편하시더라도 점검 및 수리 기간 동안에는 계단을 이용하시기 바랍니다.

튼튼 아파트 관리 사무소

엘리베이터가 고장 난 상황을 떠올리고, 아래 질문에 답을 쓰세요.

1 어디에 있는 엘리베이터가 고장이 났나요?

우리 아파트에 있는 엘리베이터가 고장이 났다.

2 엘리베이터는 언제부터 언제까지 이용할 수 없나요?

각 동마다 수리 시간이 다르며 대략 2~3시간 동안 이용할 수 없다.

3 안내문은 누가 쓰나요?

관리 사무소에서 안내문을 쓴다.

4 이 안내문은 언제 어디에 붙이는 것이 좋을까요?

엘리베이터를 수리하기 전에 엘리베이터 문 앞에 붙이는 것이 좋다.

엘리베이터 수리를 알리는 안내문을 써요.

제목 엘리베이터 수리 안내문

새빛 아파트 입주민들께 양해를 부탁드립니다.

엘리베이터 안전 점검과 수리를 위해 운행이 잠시 중단될 예정입니다.

<중단 대상 및 일시>

*101~102동:3월 3일 오전 8:00~10:00

*103~104동:3월 3일 오전 10:00~12:00

*105~106동:3월 3일 오후 1:00~2:00

새빛 아파트 관리 사무소 전화번호는 032-549-29○○입니다. 궁금한 점은 전화 주세요.

불편하시더라도 안전을 위해 양해를 부탁드립니다.

감사합니다.

20○○년 2월 27일

새빛 아파트 관리소장

언제 수리하는지
정확히 알려 줘.

→ 정답 및 예시 답안 | 20쪽

실전 38일

월 일

안내문 / 벼룩시장

벼룩시장에 참여하세요!

비법 벼룩시장은 쓰던 물건을 남에게 값싸게 팔거나 무료로 나누어 주는 행사예요. 벼룩시장 행사와 관련하여 사람들이 꼭 알아야 할 내용을 안내문에 쓰세요.

예시

○○ 초등학교 벼룩시장 안내문

- 일시: 5월 4일(금) 오후 2:00~5:00
- 장소: ○○ 초등학교 강당
- 판매 물품: 장난감, 옷, 책, 가방 등
- 준비물: 판매할 물건, 돗자리, 잔돈, 시원한 물
- 주의 사항: 사용하던 물건 중에서 깨끗한 물건만 판매하세요.

벼룩시장 행사 장면을 떠올리고, 아래 질문에 답을 쓰세요.

1 벼룩시장은 어떤 행사인가요?

벼룩시장은 쓰던 물건을 남에게 값싸게 팔거나 무료로 나누어 주는 행사이다.

2 벼룩시장은 언제 어디에서 열리나요?

5월 14일, 우리 마을 근린공원에서 열린다.

3 벼룩시장에서는 어떤 사람들이 누구에게 물건을 판매하나요?

마을 사람들이 여러 사람들에게 어린이를 위한 물건을 판매한다.

4 벼룩시장에 어떤 프로그램이 더 있으면 좋을까요?

판매되는 물건에서 쿠폰을 찾으면 경품을 주는 프로그램이 있으면 좋을 것 같다.

벼룩시장을 알리는 안내문을 써요.

제목 어린이 벼룩시장

동화 마을 어린이를 위한 어린이 벼룩시장이 열립니다.

아직 쓸 만한데 안 쓰는 물건이 있다면 깨끗이 닦아서 새로운 주인을 찾아 주세요.

*때: 5월 14일(토) 오전 10:00~오후 1:00

*장소: 동화 마을 근린공원

*대상: 동화 마을에 사는 사람들

*접수 기간: 5월 3일 ~ 12일

*접수 방법: 동화 마을 주민센터 현장 접수,
동화 마을 누리집 이용

판매되는 물건에는 다양한 쿠폰이 숨겨져 있습니다. 여러분의 참여를 기다립니다.

- 동화 마을 주민센터

벼룩시장에
참여하려면 어떻게
해야 할까?

→ 정답 및 예시 답안 | 20쪽

실전 39일

월 일

동시 / 동물원

말하는 동물원으로 오세요!

비법 동시는 어린이를 위하여 어린이의 마음으로 쓴 시예요. 시에서 말하는 사람은 자신의 생각, 감정, 상상을 리듬감 있게 표현해요. 시의 리듬을 위해서는 맞춤법이나 띄어쓰기에 약간 어긋나는 표현을 써도 괜찮아요.

예시

말하는 동물원

사자는 "초콜릿 사자!"
하마는 "그래, 하마!"
타조는 "나를 타조!"
돼지는 "내가 다 먹어도 되지?"
새우가 꾸벅 인사하며 "네, 그러세우."

동물들이 하고 싶은 말을 떠올리고, 아래 질문에 답을 쓰세요.

1 내가 좋아하는 동물은 무엇인가요?

코끼리, 수달, 팬더를 좋아한다.

2 동물들이 말을 할 수 있다면 뭐라고 말할까요?

자신이 평소에 하고 싶었던 말을 할 것 같다.

3 소리나 모양을 흉내 내는 말을 어떻게 사용할까요?

동물이 말을 하는 모습에 소리나 모양을 흉내 내는 말을 사용하겠다.

4 머릿속에 어떤 장면이 그려지나요?

동물이 철창 안에서 자신이 원하는 것을 말하는 장면이 그려진다.

'말하는 동물원'을 주제로 동시를 써요.

제목 동물원이 시끌벅적

원숭이가 모자를 손에 들고 고래고래 외쳐요.
"자, 여기입니다! 바나나를 넣어 주세요!"

캥거루가 콩콩 뛰어와요.
"주머니에 들어갈래요! 커다란 주머니를 주세요!"

호랑이가 어흥어흥 헛기침을 해요.
"사냥을 하고 싶네요! 시베리아로 보내 주세요!"

기린이 눈을 끔뻑끔뻑 움직여요.
"목이 아파요! 베개를 선물로 주세요!"

관람객과 동물이 얘기를 나눌 수 있겠다.

→ 정답 및 예시 답안 | 21쪽

실전 40일

월 일

동시 / 겨울잠에서 깬 동물들

방금 겨울잠에서 깨어났어요!

비법 눈, 코, 입, 귀, 피부 등으로 받아들이는 느낌을 생생하게 표현해 보세요. 모양이나 소리를 흉내 내는 말로 표현하는 방법, 꾸미는 말로 표현하는 방법을 사용하여 리듬감 있는 동시를 쓰세요.

예시

다들 일어나, 봄이야!

빠지직 빠지직
무슨 소리야? 얼음이 깨지고 있어!
뭔데 뭔데? 벌써 봄이라고?

곰 가족이 기지개를 쭉 펴며 하품을 뱉어 내요.
"아이고, 잘 잤다!"

겨울잠에서 깨어난 동물들을 떠올리고, 아래 질문에 답을 쓰세요.

1 겨울잠에서 깨어난 동물들은 어떤 동물들일까요?

개구리, 다람쥐, 너구리, 곰, 뱀, 고슴도치, 남생이 등이다.

2 겨울잠에서 깨어난 동물들의 표정은 어떠할까요?

잠이 덜 깨서 어리둥절한 표정일 것 같다.

3 겨울잠에서 깨어난 동물들의 생각이나 느낌은 어떠할까요?

배가 고프고 여전히 추울 것 같지만, 봄이라서 설렐 것 같다.

4 겨울잠에서 깨어난 동물들 주변의 풍경은 어떠할까요?

아직 눈이 덜 녹은 곳도 있지만, 연둣빛 싹이 조금씩 돋아나는 것이 보일 것이다.

'겨울잠에서 깨어난 동물들'을 주제로 동시를 써요.

제목 일어나요, 봄이 왔어요!

벌름벌름, 무슨 냄새지?
햇볕에 언 땅이 마르는 냄새.

졸졸졸졸, 무슨 소리지?
얼음이 녹고 시냇물이 흐르는 소리.

누가 자꾸 나를 깨우는 거야?
성큼성큼 다가온 봄이랍니다.
아함, 잘 잤다!
푸릇푸릇 봄나물 먹고
노란 개나리 같은 봄옷 입고
신나게 봄놀이 가야지!

겨울잠을 자는 동안 홀쭉해졌겠구나.

→ 정답 및 예시 답안 | 21쪽

실전 41일

월 일

마음을 표현하는 글 / 신남

신난다, 야호!

비법 신났던 날을 떠올려 보세요. 신났던 일을 자세하고 생생하게 설명하고, 그날의 감정을 '하늘로 높이 날아갈 것 같다, 왕이 된 것 같았다' 등 꾸미는 말을 사용하여 표현해 보세요.

예시

초록 띠가 나에게 온 날

나는 3개월 전부터 태권도 도장에 다닌다. 우리 도장의 사범 선생님은 태권도 동작을 친절하게 잘 알려 주고, 격려를 많이 해 주신다. 그래서 난 태권도가 좋아졌다.

지난주 금요일에는 태권도 도장에서 승급 시험이 있었다. 노란 띠를 던져 버리고 빨리 초록 띠를 메고 싶었다. 승급 심사에는 기본 동작, 품새, 발차기 격파 등 여러 가지를 시험한다. 나는 승급 심사에 통과하기 위해 매일 시간 날 때마다 태권도 동작을 연습했다. 드디어 내가 바란 대로 초록 띠를 손에 넣었다!

돌려 차기를 100번 해도 좋을 만큼 기분이 좋았다! 그날, 집에서 가족들에게 자랑하고 또 자랑했다.

신났던 일을 떠올려 보고, 아래 질문에 답을 쓰세요.

1 그 일은 언제 일어났나요?

지난주 토요일에 일어난 일이다.

2 그 일은 무슨 일인가요?

가족들과 놀이공원에 간 일이다.

3 그 일이 왜 그렇게 신이 났나요?

놀이공원에서는 놀이기구를 많이 탈 수 있기 때문이다.

4 그때 신났던 감정을 한마디로 어떻게 표현할 수 있을까요?

야호!

신났을 때의 상황과 감정을 표현하는 글을 써요.

제목 룰루랄라! 신난다!

야호! 가족들과 토요일에 놀이공원에 갔다. 며칠 전부터 타고 싶은 놀이기구를 죄다 수첩에 썼을 만큼 기다리던 일이다.

놀이공원 도착! 여기는 정말 딴 세상이다. 바로 천국이다. 여러 가지 놀이기구를 즐겼다. 그렇지만 그중에서도 내가 가장 좋아하는 것은 바이킹과 롤러코스터이다. 바이킹은 배가 위로 올라갈 때, 롤러코스터는 꼭대기에서 뚝 떨어질 때, 가슴이 철렁 내려앉는다. 소리를 꽥꽥 지르다 보면 어느새 내릴 때가 된다.

여덟 살 여름방학에 있었던 일 중에서 가장 강렬하게 기억에 남을 것 같다. 일기를 쓰는 지금도 그때의 신나는 기분이 생각나서 계속 웃고 있다.

신날 때
어떤 표정을 짓고
있을까?

→ 정답 및 예시 답안 | 22쪽

실전 42일

월 일

마음을 표현하는 글 / 설렘

내 마음은 콩닥콩닥!

비법 설렘은 마음이 가라앉지 않고 들떠서 두근거리는 감정이에요. 좋아하는 시간이나 사람을 기다렸을 때, 좋아하는 장소에 갔을 때 또는 좋아하는 것을 보았을 때를 떠올려 보세요.

예시

하하하, 내 생일입니다

1주일만 참으면 내 생일이다! 그날은 토요일이라서 친구들을 집으로 초대해서 생일 파티를 열 계획이다. 오늘 내가 예쁘게 꾸민 초대장을 친구들에게 나누어 줬다.

"얘들아, 꼭 와야 해. 맛있는 음식을 많이 만들어 놓을게."

내 생일에는 케이크, 피자, 탕수육, 초콜릿, 젤리 등 맛있는 음식이 넘쳐 나도록 준비할 거다. 그리고 집안 곳곳을 색종이로 꾸밀 생각이다.

당연히 선물도 받겠지? 생일 파티 생각만 하면 심장이 두근거리고 발을 콩콩 구르게 된다.

설렜던 일을 떠올리고, 아래 질문에 답을 쓰세요.

1 마음이 가라앉지 않고 들떠서 두근거린 적이 있나요?

있다.

2 나를 설레게 만든 그 일은 무엇인가요?

강아지를 우리 집에 데려온 일이다.

3 나는 설레는 일을 생각할 때 어떤 행동을 하나요?

마음이 두근대고 가만히 있다가 자꾸 웃는다.

4 설렜던 일이 끝나면 어떤 생각이나 감정이 들까요?

설렜던 일을 계속 기억하고 싶다는 생각이 들 것이다.

설렜을 때의 상황과 감정을 표현하는 글을 써요.

제목 두근두근, 설레는 마음

내가 좋아하는 개는 몰티즈다. 까만 눈동자, 하얗고 복슬복슬한 털이 너무나도 귀엽다.

투유 동물병원 앞을 지날 때마다 발을 뗄 수가 없었는데, 그 이유는 새끼 몰티즈가 창가에 있었기 때문이다. 그 강아지를 드디어 오늘 오후에 우리 집에 데려오기로 했다.

몰티즈를 훈련하고 산책하는 방법을 알려 주는 동영상을 계속 보았다. 또 반려견과 함께 사는 방법에 대한 책을 다섯 권째 보고 있다. 강아지의 이름은 뭐라고 지을까? 루이, 단추, 솜이. 후보는 세 개 정도 있다.

오늘 친구들이 자꾸 무슨 일이 있냐고 물어봐서 나는 이렇게 대답했다.

"설레는 일이 좀 있어."

설레는 일을
종일 생각하게
되더라.

→ 정답 및 예시 답안 | 22쪽

실전 43일

월 일

마음을 표현하는 글 / 놀람

세상에 이런 일이!

비법 '놀랍다'의 뜻은 다양하지요. '놀랍다'는 '감동을 일으킬 만큼 훌륭하거나 굉장하다', '갑작스러워 두렵거나 흥분하다', '어처구니없을 만큼 괴상하다'의 뜻을 지녀요. 뜻을 참고하여 놀랐던 일을 떠올려 보세요.

예시

창문에 저게 뭐야?

지난 수요일에 학교가 끝나고 진서와 집에 가는 길이었다. 재밌게 얘기하고 깔깔 웃으며 걸어가고 있었다. 그러다가 무심코 어느 빌라의 창문을 보았다.

"진서야, 저기 좀 봐. 저 집 베란다에 엄청 큰 삐에로 인형이 있어!"

깜짝 놀라서 진서를 다급하게 불렀다. 삐에로 인형인지 조각상인지 아무튼 얼마나 큰지, 삐에로의 모자가 베란다 천장에 닿아 있었다. 그리고 거인 삐에로는 씩 웃는 표정으로 우리를 보고 있었다.

악! 우리는 깜짝 놀라서 냅다 달렸다.

놀랐던 일을 떠올리고, 아래 질문에 답을 쓰세요.

1 무슨 일 때문에 놀랐나요?

내가 세운이를 씨름으로 이긴 일 때문에 놀랐다.

2 언제 일어난 일인가요?

며칠 전 체육 시간에 일어난 일이다.

3 누구와 함께 있었나요?

우리 반 친구들과 함께 운동장에 있었다.

4 놀랐을 때 내 표정은 어땠나요?

눈이 커지고 콧구멍도 커졌다.

놀랐을 때의 상황과 감정을 표현하는 글을 써요.

제목 내가 씨름에서 이기다니!

체육 시간에 내가 싫어하는 씨름을 했다. 줄을 선 대로 짝을 지으니 내 씨름 상대가 세운이가 되었다.

세운이는 나에게 "살살 할게."라고 말하며 웃었다. 나도 웃어 보려고 했지만 입꼬리가 올라가지 않았다. 세운이는 나보다 훨씬 키가 크고 덩치도 크다. 당연히 내가 이길 수는 없을 것이다.

샅바를 잡고 세운이가 힘을 쓰는 대로 끌려다녔다. 그런데 갑자기 세운이가 발을 헛디뎌 중심을 잃었다. 그때 나도 모르게 안으로 다리를 걸었다.

뜻밖이었다. 내가 세운이를 들었다. 덩치가 큰 세운이가 털썩 모래판에 주저앉았을 때 진짜 놀랐다.

이제 내가 우리 반의 천하장사다!

놀라면 심장이 철렁 내려앉는 것 같아.

→ 정답 및 예시 답안 | 23쪽

실전 44일

월 일

마음을 표현하는 글 / 걱정

걱정이 태산이야!

비법 일이 잘못될까 봐 생겼던 걱정, 아끼는 대상이 잘못될까 봐 생겼던 걱정을 떠올려 보세요. 걱정이 되어서 어떤 생각이 들었는지, 걱정이 되던 일은 어떻게 되었는지도 써 보세요.

예시

걱정했어, 몽몽아!

"몽몽아! 몽몽아! 어디에 있니?"

큰일 났다. 몽몽이가 사라져 버렸다. 공원에서 산책을 하다가 내가 잠깐 한눈을 파는 사이에 몽몽이는 사라져 버렸다. 하늘이 노래지는 것 같았다. 주위를 샅샅이 뒤져 보아도 몽몽이를 닮은 개조차 보이지 않았다. 눈물도 나오고, 한숨도 나왔다. 괜히 나 때문에 일이 이렇게 된 것 같았다.

한참을 몽몽이를 찾으며 돌아다니다가 집으로 갔다. 아니, 그런데 웬걸! 몽몽이가 집 앞에서 어슬렁거리고 있었다. 나는 그쪽으로 달려가 몽몽이를 얼른 품에 안았다.

걱정했던 일을 떠올리고, 아래 질문에 답을 쓰세요.

1 걱정했던 일은 무엇인가요?

할머니께서 편찮으신 일을 걱정했다.

2 그 일을 왜 걱정했나요?

할머니께서 힘들어하시는 것이 괴롭기 때문이다.

3 걱정하는 마음을 어떻게 표현했나요?

아직 할머니께 직접 말씀은 드리지는 않았다. 할머니를 낫게 해 달라고 기도를 했다.

4 지금도 그 일을 걱정하고 있나요?

지금도 걱정하고 있다. 할머니께서 나으실 때까지 걱정할 것 같다.

걱정했을 때의 상황과 감정을 표현하는 글을 써요.

제목 할머니, 빨리 나으세요

할머니의 전화를 받고 엄마께서 저녁 내내 시무룩하다. 할머니께서 기력이 없어 편찮으시다고 한다. 나도 할머니가 걱정이 되었다.

작년에는 할머니께서 지금보다 더 쌩쌩하게 다니셨는데, 지난 주말에 본 할머니는 볼이 더 패이고, 살도 많이 빠진 것 같다. 손목도 발목도 내 손에 잡힐 정도이다.

할머니는 내가 어렸을 때, 내 엉덩이를 두드리며 노래를 자주 불러 주셨다. 나는 할머니께서 계속 윷놀이에서 나를 이겨 즐거워했으면 좋겠다.

할머니를 위해서 내가 할 수 있는 일은 무엇일까? 할머니 앞에서 노래를 불러드려야겠다. 그리고 오늘 밤에는 할머니를 어서 낫게 해 달라고 기도할 것이다.

평소의 고민거리를 써도 좋아.

→ 정답 및 예시 답안 | 23쪽

실전 45일

월 일

마음을 표현하는 글 / 실망

기대가 크면 실망도 큰 법!

비법 실망은 바라던 일이 뜻대로 되지 않아서 마음이 몹시 상한 감정이에요. 어떤 일이 나를 실망하게 했나요? 실망스러웠던 일을 떠올려 그때의 상황과 감정을 생생하게 표현해 보세요.

예시

그래도 잘했다

나는 도윤이와 영어 말하기 대회를 한 달 동안 준비하고 있었다. 대본의 주제도 힘들게 정했고, 대본도 선생님의 도움을 약간 받았지만 도윤이와 내가 거의 썼다.

대회 날, 우리는 덜덜 떨면서 무대에 나갔다. 아니 그런데, 이럴 수가! 준비한 것이 기억이 나지 않았다. 약간의 시간이 흐른 뒤에 제대로 말할 수 있었다. 그런데 이제 도윤이가 말이 너무 빠르다. 도윤이도 많이 긴장했나 보다. 지금은 영어 말하기가 어떻게 끝났는지도 기억이 안 난다.

결국 상은 받지 못했다. 실망이 컸지만 누구의 탓도 하지 않겠다. 다음엔 더 잘해야지!

실망했던 일을 떠올리고, 아래 질문에 답을 쓰세요.

1 실망했던 일은 언제 있었던 일인가요?

어제 있었던 일이다.

2 실망했던 일은 무엇인가요?

수학 시험을 망친 일이다.

3 실망한 마음을 어떻게 표현했나요?

한숨만 푹푹 쉬었다.

4 그 일이 잘되었으면 기분이 어땠을까요?

뿌듯했을 것 같다. 나도 친구처럼 집에 갈 때 콧노래를 불렀을 것이다.

실망했을 때의 상황과 감정을 표현하는 글을 써요.

제목 바람 빠진 풍선처럼 쪼그라든 내 마음

이번에는 수학 시험을 잘 보고 싶었다. 나름대로 열심히 계획을 세워서 문제도 많이 풀었다. 그런데 어제 학원에서 수학 시험을 봤는데 망쳐 버렸다. 너무 실망스럽다.

왜 이렇게 된 걸까? 문제 푸는 연습을 덜 해서 그런 걸까? 내가 머리가 나쁜 걸까? 문제가 어렵지는 않았다. 내 심장이 바람 빠진 풍선처럼 쪼그라든 것 같다.

내 짝은 또 수학 시험을 잘 본 것 같다. 콧노래를 부르며 집에 가는 것을 보니…….

아까부터 한숨만 나온다. 얼마나 연습을 해야 내가 확실하게 계산을 잘할 수 있을까? 왜 수학이라는 과목이 생겨서 나를 이렇게나 힘들게 하는지 모르겠다.

실망한 마음을 어떻게 달랬니?

→ 정답 및 예시 답안 | 24쪽

실전 46일

월 일

상상하는 글 / 외계인

외계인이 사는 별나라에 간다면?

비법 외계인을 지구 밖에서 만나는 상상을 한 적이 있나요? 외계인은 나와 대화가 통할까요? 외계인의 외모, 성격, 특징, 외계인이 사는 별나라의 모습을 자유롭게 상상하여 표현해 보세요.

예시

거인들이 사는 별나라

내가 탄 우주선은 모르는 별에 떨어져 버렸다. 이 별은 초록빛 피부를 지닌 거인들이 지배하고 있다. 나를 비롯하여 우주선에 탄 사람들은 거인들에게 잡혀 캡슐 침대 같은 곳에 한 명씩 누워 있다.

맙소사! 어떤 거인 가족이 나를 번쩍 들어서 새장처럼 생긴 통에 넣었다. 잘은 모르지만 어딘가로 이동하는 것 같다. 그들의 집에 도착했다. 그들은 웃으면서 내가 살 집을 손으로 가리킨다. 지구에서 본 개집과 비슷하게 생겼다. 그래도 이불도 있고, 베개도 있다. 내가 애완동물이 된 건가? 기회를 봐서 이곳을 탈출해야겠다.

외계인이 사는 별나라를 상상하고, 아래 질문에 답을 쓰세요.

1 나는 별나라에 어떻게 가게 되었나요?

비밀 우주선으로 별나라에 가게 되었다.

2 외계인은 어떻게 생겼나요?

보랏빛 더듬이가 있고, 펭귄처럼 생겼다.

3 외계인과 대화를 할 수 있나요?

대화는 할 수 없지만, 우리의 말을 알아듣는 것 같다.

4 외계인이 사는 별나라는 어떤 모습인가요?

사막과 같이 사방에 모래뿐이며 건물이 보이지 않는다.

'외계인이 사는 별나라에 간다면?'을 주제로 글을 써요.

제목 별나라 과자는 종이 맛

지구에서 볼 때는 반짝반짝 빛나는 것 같았는데, 별나라는 사막같이 휑했다. 나와 동생은 모래바람을 맞으며 한동안 말없이 걸었다.

"외계인들 주려고 이거 갖고 왔는데……."

동생은 지구에서 가져온 과자와 초콜릿을 꺼냈다. 그러자 모랫바닥에서 보랏빛 더듬이가 솟아오르더니 펭귄같이 생긴 외계인들이 땅 위로 뛰어올랐다. 그러고는 가방을 빼앗아 과자와 초콜릿을 가져가고는 가방을 우리에게 다시 던졌다.

동생은 울음을 터뜨렸다. 외계인들은 당황했는지 희한하게 생긴 비스킷을 우리에게 주었다. 동생과 나는 비스킷을 맛보았지만 마치 종이를 씹는 것 같았다. 지구의 간식이 훨씬 맛있었다.

외계인은 나를 어떻게 대할까?

→ 정답 및 예시 답안 | 24쪽

실전 47일

월 일

상상하는 글 / 나의 변신

내 몸이 무언가로 바뀌었다면?

비법 어느 날 갑자기 내 몸이 무언가로 바뀐다면 어떤 일이 벌어질까요? 변신하고 싶은 대상을 골라 변신 이후에 벌어질 일을 자유롭게 상상하여 표현하세요.

예시

나는 원래 천사였나 봐

자려고 하는데 갑자기 등이 가렵다. 등을 만져 보니, 뼈가 자꾸 솟아오르려고 한다. 설마 하는 마음으로 잠이 들었다. 하지만 아침에 일어나 거울을 보니, 나는 커다랗고 하얀 날개를 가진 천사의 모습이었다.

어디선가 목소리가 들렸다. "사람들을 도우러 가거라." 일단 나는 날개를 파닥거리며 창문 사이를 빠져나가 마을 위를 날아다녔다. 저 멀리에 슬프게 우는 청년이 보여 그 앞으로 날아갔다. "무슨 일입니까?" 청년은 깜짝 놀라며 돈을 잃어버렸다고 말했다. 내가 손가락을 튕기자 청년의 손에 돈이 생겼다. "정말 고맙습니다, 천사님! 이 은혜는 평생 잊지 않을게요."

내가 무언가로 변신하는 모습을 상상하고, 아래 질문에 답을 쓰세요.

1 무엇으로 변신하고 싶은가요?

나비로 변신하고 싶다.

2 그것으로 변신하면 어떤 기분이 들까요?

처음에는 놀라겠지만, 나중에는 아무렇지 않을 것 같다.

3 주변 사람들은 바뀐 내 모습을 보고 어떤 말과 행동을 할까요?

나를 알아보지 못하고 내쫓으며 어디에서 들어왔냐고 할 것 같다.

4 변신한 나는 어떤 일을 벌일까요?

꽃밭을 날아다니며 꿀을 실컷 먹을 것이다.

'내 몸이 무언가로 바뀌었다면?'을 주제로 글을 써요.

제목 나비가 바로 나야

아침에 일어났더니 내 몸이 이상하게 느껴져서 거울을 보았다. 아니, 이게 무슨 일이지? 내 몸이 나비로 변했잖아! 입은 뾰족한 빨대 같고, 부채보다 얇고 가벼운 날개가 등에 달려 있었다.

나는 신기해서 책상과 침대 위를 팔랑팔랑 날아다녔다. 그때 문이 열리고 엄마와 언니가 들어왔다.

"여기 웬 나비가 있니? 나방인가? 어디서 들어왔지?"

엄마와 언니는 공책을 집어 들고 탁탁 쳤다. 나는 있는 힘을 다해서 창문 밖으로 도망갔다.

화단에 접시꽃이 피어 있었다. 나는 입으로 힘껏 꽃의 꿀을 빨아 보았다.

'음, 생각보다 맛있군. 이번에는 다른 꽃으로 가 볼까?'

가족과 친구들이 변신한 나를 알아볼까?

→ 정답 및 예시 답안 | 25쪽

실전 48일

월 일

상상하는 글 / 시간 여행

타임머신을 타고 시간 여행을 한다면?

비법 타임머신을 타고 시간 여행을 할 수 있다면 어디로 가고 싶은가요? 내가 가 보고 싶은 과거나 미래의 모습, 시간 여행을 하는 나에게 벌어질 일 등을 자유롭게 상상하여 표현하세요.

예시

가자, 공룡이 살던 시대로

쿵! 쿵! 쿵! 쿵!

천둥소리가 사방에서 들리고 있다. 오, 나는 타임머신을 타고 공룡이 살던 시대로 왔다. 평소에 공룡을 좋아했기 때문이다. 하지만 곧바로 후회했다. 저기에서 티라노사우르스가 입맛을 쩝쩝 다시며 걸어오고 있었다. 나는 모든 힘을 짜내어 풀숲이 우거진 곳으로 도망갔다.

풀숲으로 가니까 거대한 초식 공룡들이 풀을 뜯고 있다. 목이 긴 브라키오사우르스 무리이다. 웬만한 빌딩만 한 크기에 놀라 벌벌 떨 수밖에 없었다. 그때, 트리케라톱스 새끼가 나에게 다가왔다.

나의 시간 여행을 상상하고, 아래 질문에 답을 쓰세요.

1 내가 여행하고 싶은 때는 언제인가요?

1910년 8월, 바로 한일 합병 조약을 맺는 때이다.

2 시간 여행에서 가장 먼저 본 풍경은 무엇일까요?

서울의 어느 길거리 풍경일 것이다.

3 나는 여행하면서 어떤 사람을 만나게 될까요?

나의 할아버지를 만나게 될 것 같다.

4 시간 여행을 하는 나는 어떤 기분일까요?

무섭지만 설레는 기분일 것 같다.

'타임머신을 타고 시간 여행을 한다면?'을 주제로 글을 써요.

제목 지금은 2084년입니다

타임머신을 타고 1910년 8월로 가기로 했다. 그런데 웬걸? 나는 과거가 아닌 미래로 오고 말았다. 150층이 넘는 빌딩이 곳곳에 있었다. 덜컥 겁이 났다. 그러면서도 나는 나의 아들이나 손자를 보기 바랐다.

"저기, 지금 몇 년도인가요?"

한 할아버지가 나를 돌아보았다.

"지금은 2084년이란다. 넌 왜 그것도 모르니?"

"아, 네……. 저는 타임머신을 타고 왔거든요."

"뭐라고? 얘야, 그럼 네 이름이 뭐니?" / "백도민이요."

할아버지는 안경을 벗고, 내 얼굴을 찬찬히 살펴보았다.

"오래 살다 보니, 과거의 나를 만나는구나. 반갑다."

그 할아버지는 미래의 나, 백도민이었다.

타임머신이 있다면 과거의 나도 만날 수 있을까?

→ 정답 및 예시 답안 | 25쪽

실전 49일

월 일

상상하는 글 / 로봇

내가 만들고 싶은 로봇은?

비법 내가 만든 로봇은 어떤 모습일까요? 로봇의 모습, 능력, 하는 일을 구체적으로 떠올려 보세요. 로봇이 인간과 다른 점은 무엇인지, 로봇이 할 수 없는 일은 무엇인지도 생각해 보세요.

예시

내 친구 엘리샤의 비밀

엘리샤는 나와 가장 친한 친구이다. 엘리샤는 갈색 머리에 흰 피부, 회색 눈동자를 지녔다. 그리고 10개 이상의 외국어로 대화할 줄 알고, 책을 한 번만 보면 머릿속에 다 외우는 친구이다.

그런데 비밀이 있다. 사실 엘리샤는 내가 2년 전에 만든 로봇이다. 이 사실은 우리 가족만 알고 있다. 엘리샤는 우리 집에서 같이 살기 때문이다. 엘리샤는 음식을 먹지 않고, 화장실에 가지 않는다. 그렇지만 인간이 할 줄 아는 일은 다 할 수 있다. 엘리샤는 대통령이 되고 싶은 꿈이 있다. 그러려면 인간이어야 될 것 같은데, 모르겠다. 나는 어찌 됐든 엘리샤를 도울 것이다.

내가 만들고 싶은 로봇을 상상하고, 아래 질문에 답을 쓰세요.

1 내가 만들고 싶은 로봇은 어떤 모습인가요?

덩치가 큰 캥거루처럼 생겼다.

2 이 로봇의 이름은 무엇으로 지을까요?

만능이라고 짓겠다.

3 이 로봇은 무슨 일들을 주로 할까요?

사람들의 힘든 일을 대신해 준다. 학생들의 숙제, 부모님의 집안일, 어른들의 회사 일을 해 준다.

4 이 로봇과 함께 지내면 어떤 일들이 벌어질까요?

사람들은 힘든 일에서 벗어나 자신들이 원하는 일을 더 많이 할 것이다.

'내가 만들고 싶은 로봇'을 주제로 글을 써요.

제목 내가 만들고 싶은 로봇, 만능이

내가 만들고 싶은 로봇은 사람들의 힘든 일을 모두 대신해 주는 로봇이다. 이 로봇의 이름은 '만능이'이다. 만능이는 우선 내가 힘들어하는 숙제를 모두 끝낸다. 그래서 나는 학교에 갔다 와서 놀기만 하면 된다.

그리고 만능이는 엄마, 아빠께서 힘들어하는 요리, 빨래, 청소를 다 순식간에 해치운다. 엄마, 아빠께서는 얼굴을 찌푸리지 않고 취미 생활을 즐기면 된다.

또 만능이는 어른들이 힘들어하는 회사 일을 순식간에 해결한다. 그러면 어른들은 점심시간에 뭐 먹을까만 생각하면 된다.

하지만 만능이가 태어나기 전까지는 각자 자신이 맡은 일들을 해내야 한다.

나랑 똑같이
생긴 로봇을 만들어
볼까?

→ 정답 및 예시 답안 | 26쪽

실전 50일

월 일

상상하는 글 / 결혼식

나의 결혼식은 어떤 모습일까?

비법 나는 언제 어디에서 누구와 결혼하게 될까요? 나의 남편 또는 부인의 모습, 성격, 직업을 상상해 보세요. 또 결혼식 때 입을 옷, 결혼식을 올리는 장소, 결혼식에 참석한 사람들의 모습도 떠올려 보세요.

예시

궁전에서 열리는 결혼식

나의 결혼식은 유럽의 어느 궁전 앞마당에서 열린다. 나는 세계에서 가장 돈이 많은 부자이기 때문에 이 나라에 큰 돈을 내고 궁전에서 결혼해도 좋다는 허락을 받았다. 아침에는 드레스를 입고, 화장을 받느라 굉장히 정신없었다. 나의 남편은 실력이 뛰어난 요리사이다. 성격은 온화하고, 말을 차분하게 하는 편이다. 예복을 입으니까 평소보다 멋있어 보인다.

결혼식을 축하하러 수십 명의 손님들이 왔다. 초등학교 때부터 친하게 지낸 친구들도 많이 와 있다. 친구들이 결혼을 축하한다며 나에게 인사를 했다.

나의 결혼식을 상상하고, 아래 질문에 답을 쓰세요.

1 나는 언제 어디에서 누구와 결혼하게 될까요?

서른 살쯤에 예식장에서 초등학교 친구와 결혼하게 될 것이다.

2 나는 어떤 장점이 있고, 나의 남편 또는 부인은 어떤 장점이 있을까요?

나는 분위기를 즐겁게 만드는 성격이 장점이다. 나의 부인은 멋지고 의리가 있을 것이다.

3 결혼식 날 아침에는 무슨 일을 할까요?

예복을 입고, 화장을 해야 한다. 결혼식장에서 결혼식 준비가 잘 되었는지 확인도 해야 한다.

4 나의 결혼식에 어떤 친구들이 와서 축하해 줄까요?

유치원, 초등학교, 중학교, 대학교 친구들이 많이 와서 축하해 줄 것이다.

'나의 결혼식'을 주제로 글을 써요.

제목 평생 서로 양보하며 살겠습니다

드디어 결혼식 날 아침이다. 주례는 초등학교 1학년 담임 선생님이신 김소담 선생님이다. 선생님께 주례를 부탁드렸을 때 선생님은 그럴 줄 알았다면서 웃으셨다. 나와 결혼할 신부가 누구일까 궁금했는데, 1학년 때 짝꿍 원세라였다. 이럴 수가! 원세라는 반장이었는데, 목소리가 크고 의리가 있었다.

세라와 나는 공통점이 많기는 했다. 우리는 둘 다 달팽이를 길렀다. 그래서 달팽이 사육과 관련된 얘기를 많이 나눴다. 그리고 세라와 나는 같은 태권도장에 다녔다. 같이 겨루기도 하면서 재밌게 지냈다.

결혼식에 온 하객들이 참 많다. 저기, 1학년 때 같은 반이었던 친구들도 보인다. 친구들아, 고맙다!

주례와
축가는 누구에게
맡길까?

→ 정답 및 예시 답안 | 26쪽

MEMO

MEMO

초등 공부 시작부터 끝까지!

초끝

문장 학습 + 글쓰기

정답 및 예시 답안

메가스터디BOOKS

내용 문의 02-6984-6928,31 | 구입 문의 02-6984-6868,9 | www.megastudybooks.com